A-Z GUILDFORD & WOKING

Key to Maps

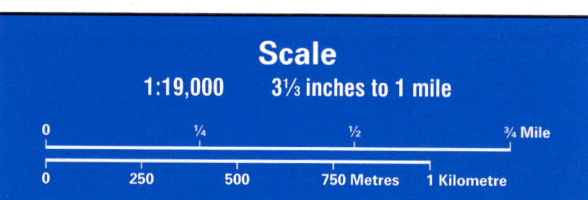

Scale 1:19,000 3⅓ inches to 1 mile

Copyright of Geographers' A-Z Map Company Limited

Head Office : Fairfield Road, Borough Green, Sevenoaks, Kent TN15 8PP Tel: 01732 781000
Showrooms : 44 Gray's Inn Road, London WC1X 8HX Tel: 0171 242 9246

Based upon the Ordnance Survey mapping, with the permission of the Controller of Her Majesty's Stationery Office.

© 1998 EDITION 1   © Crown Copyright (399000)

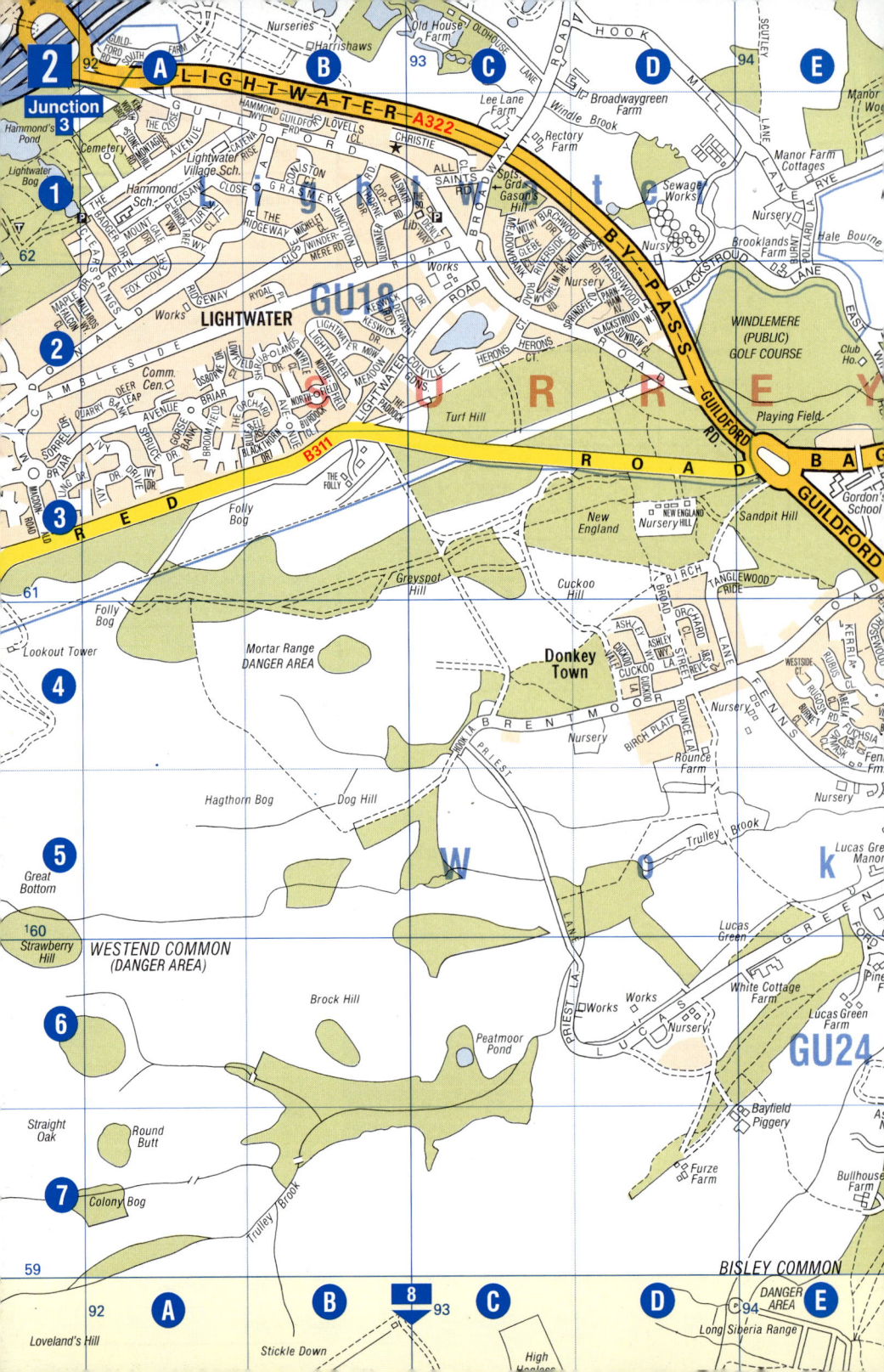

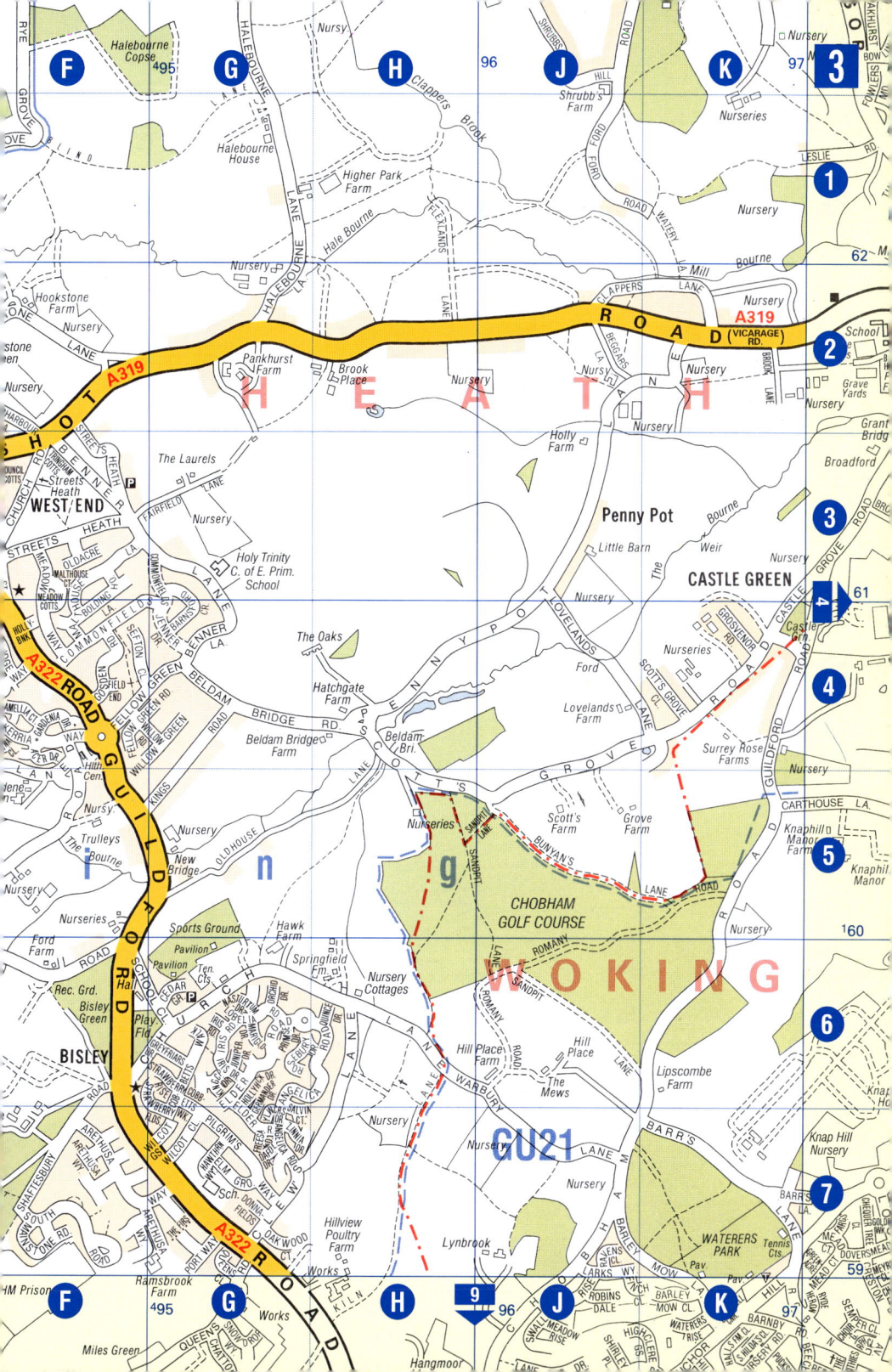

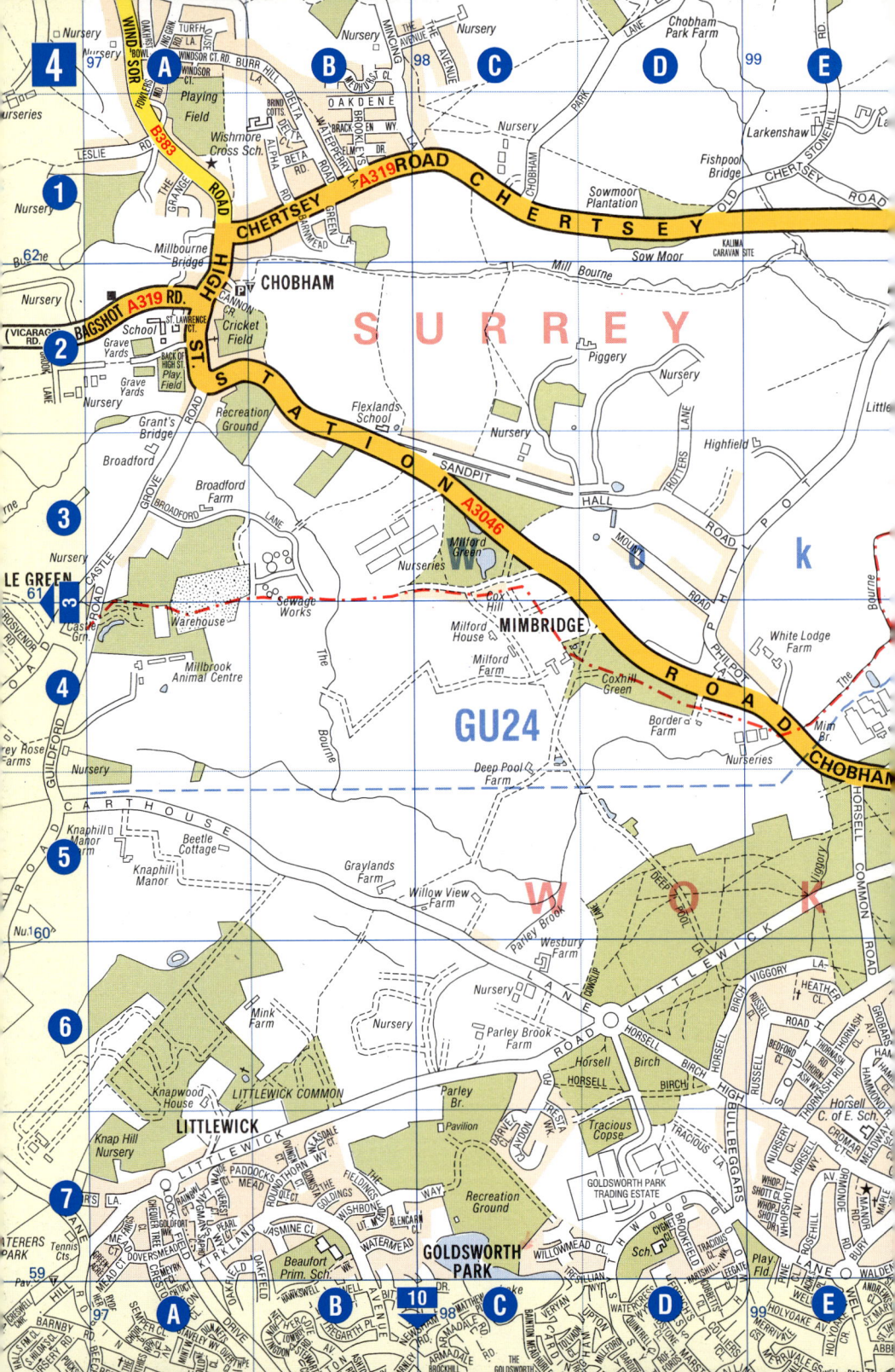

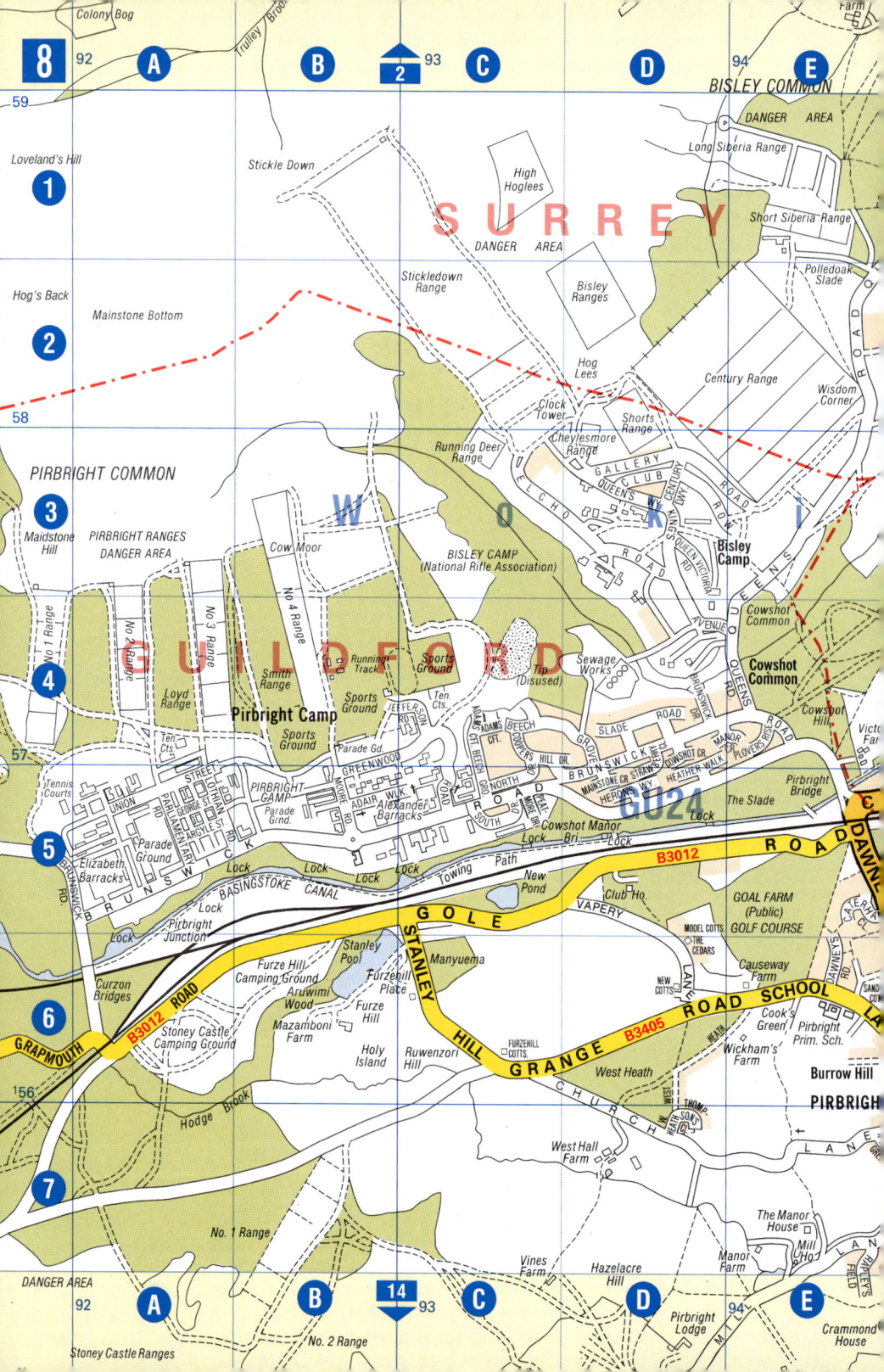

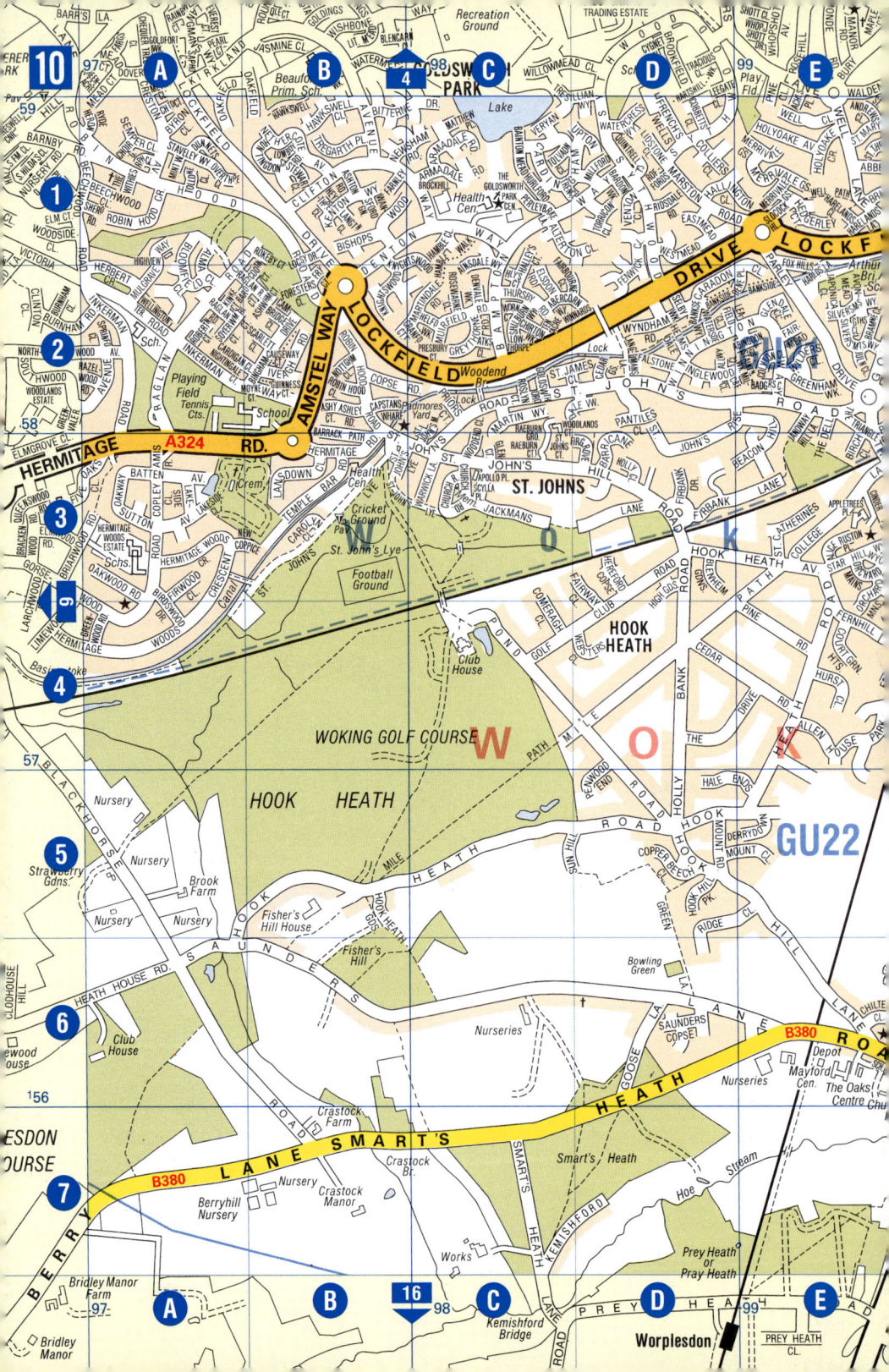

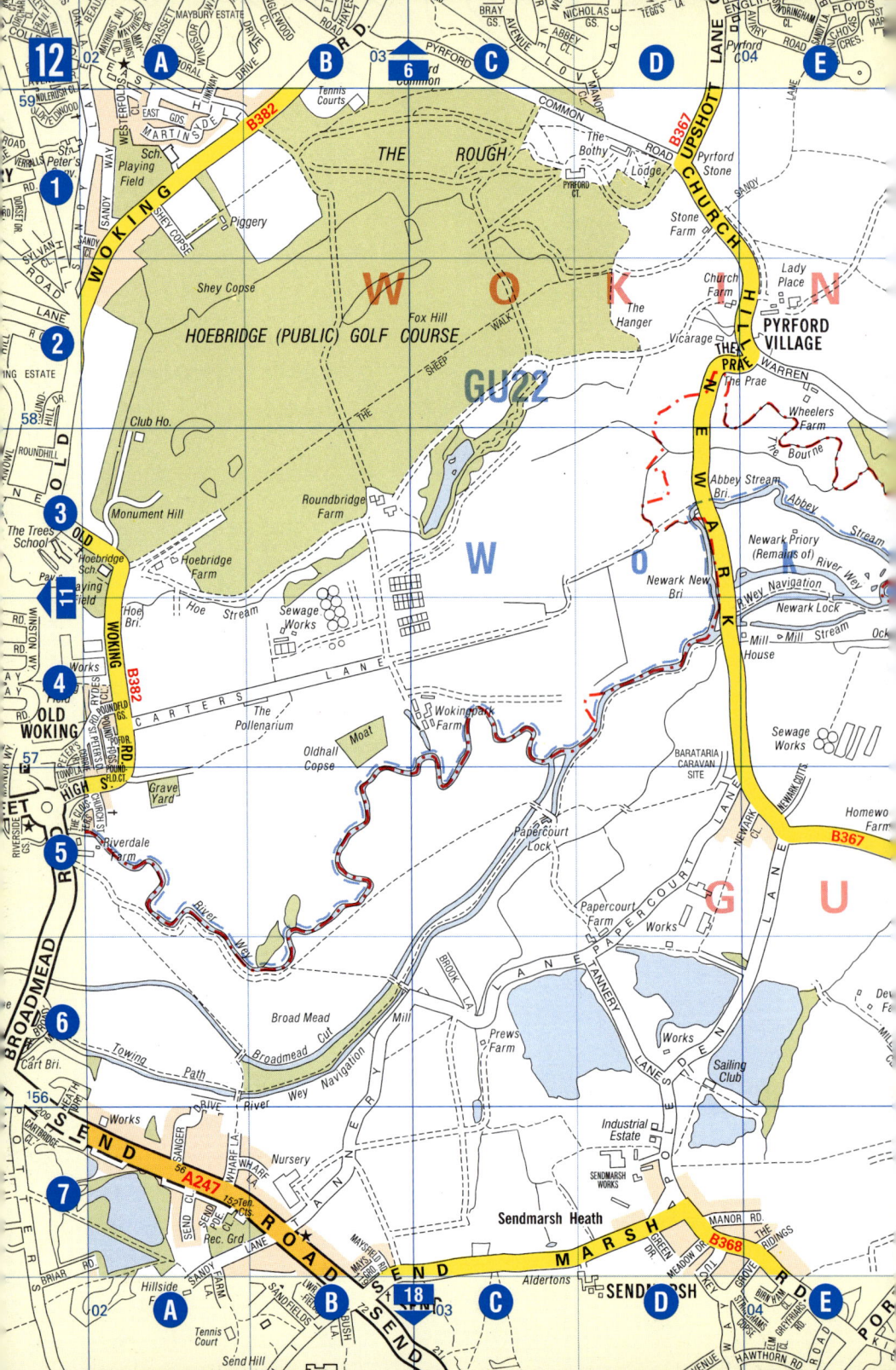

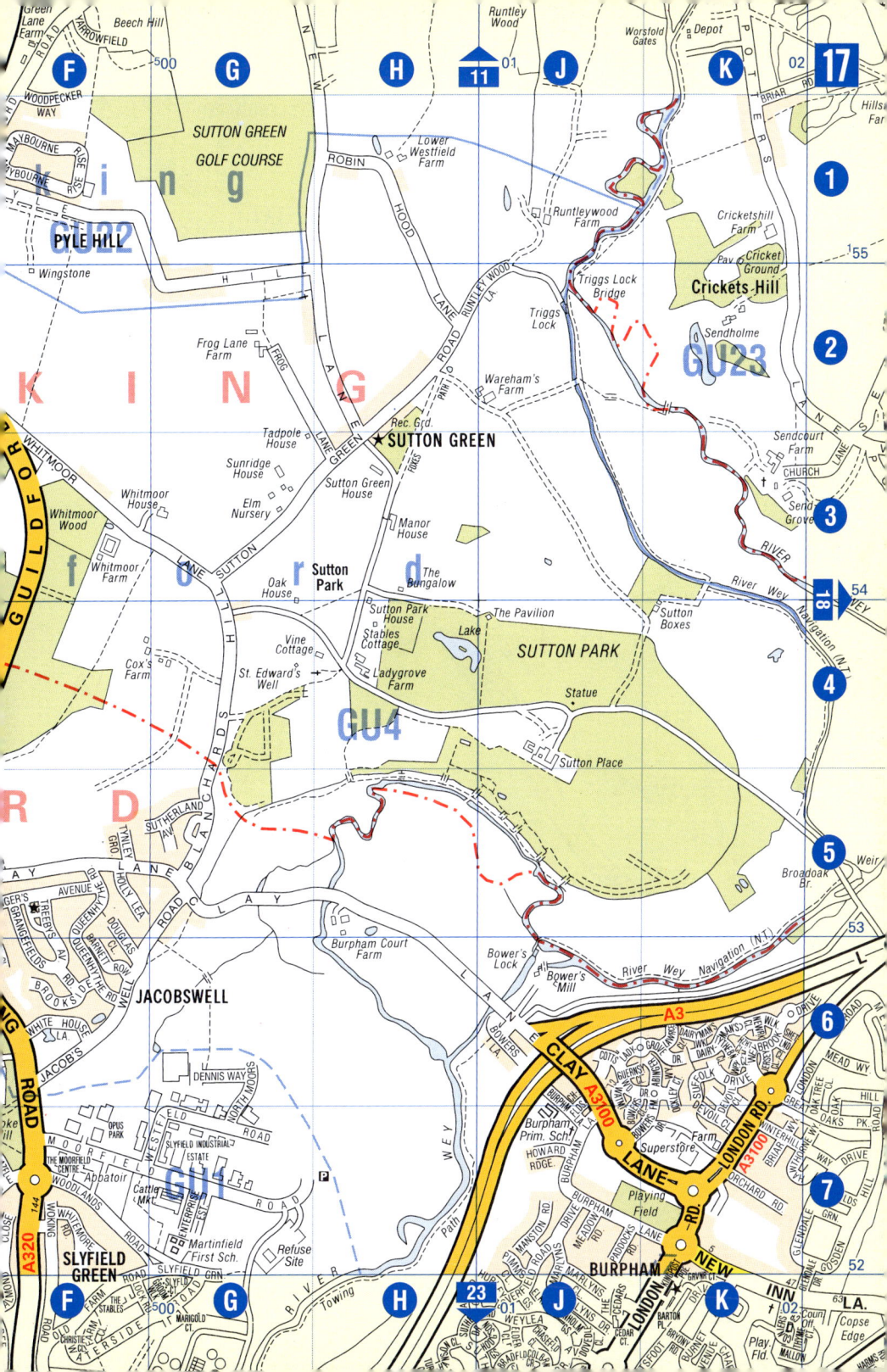

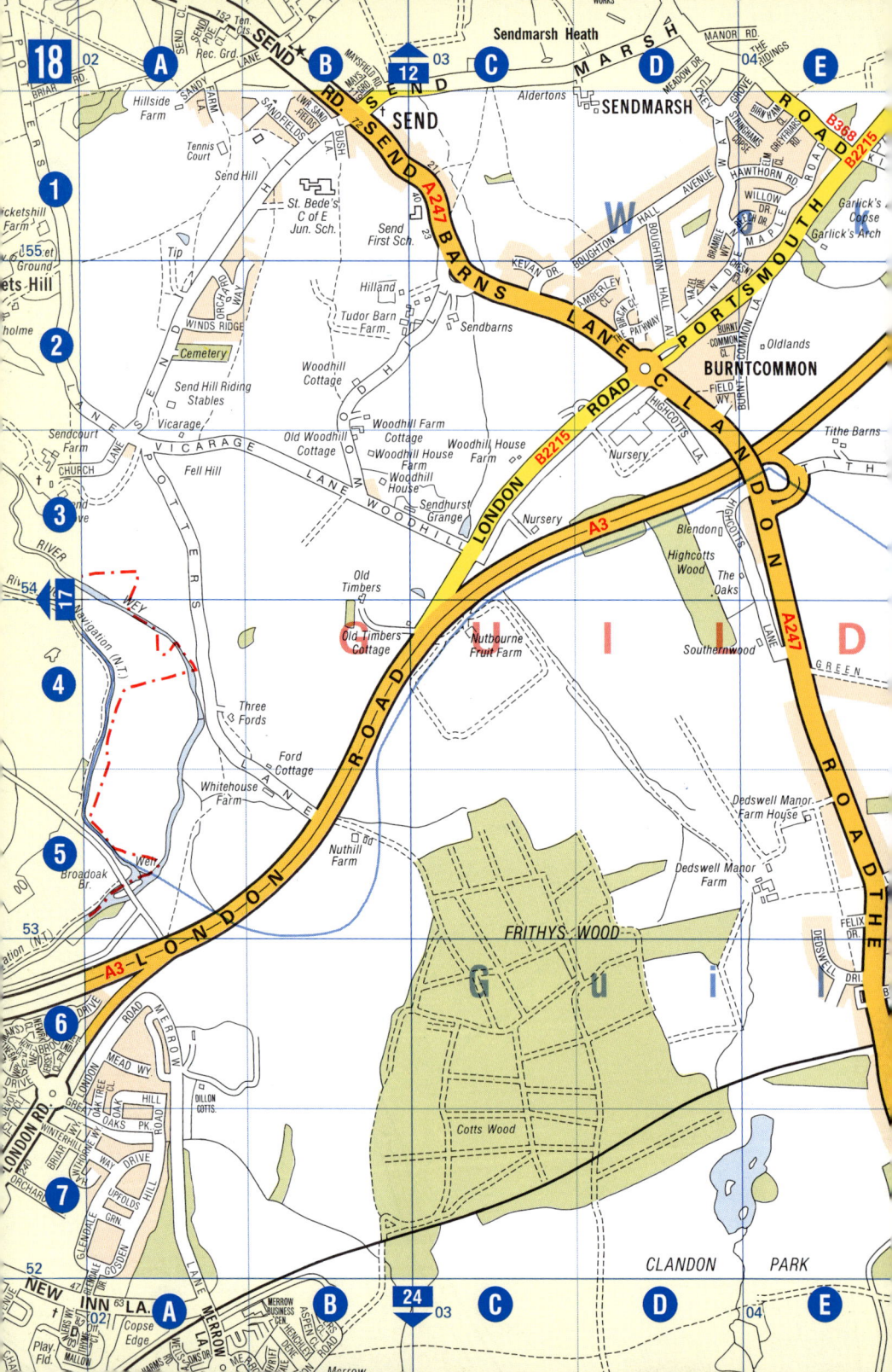

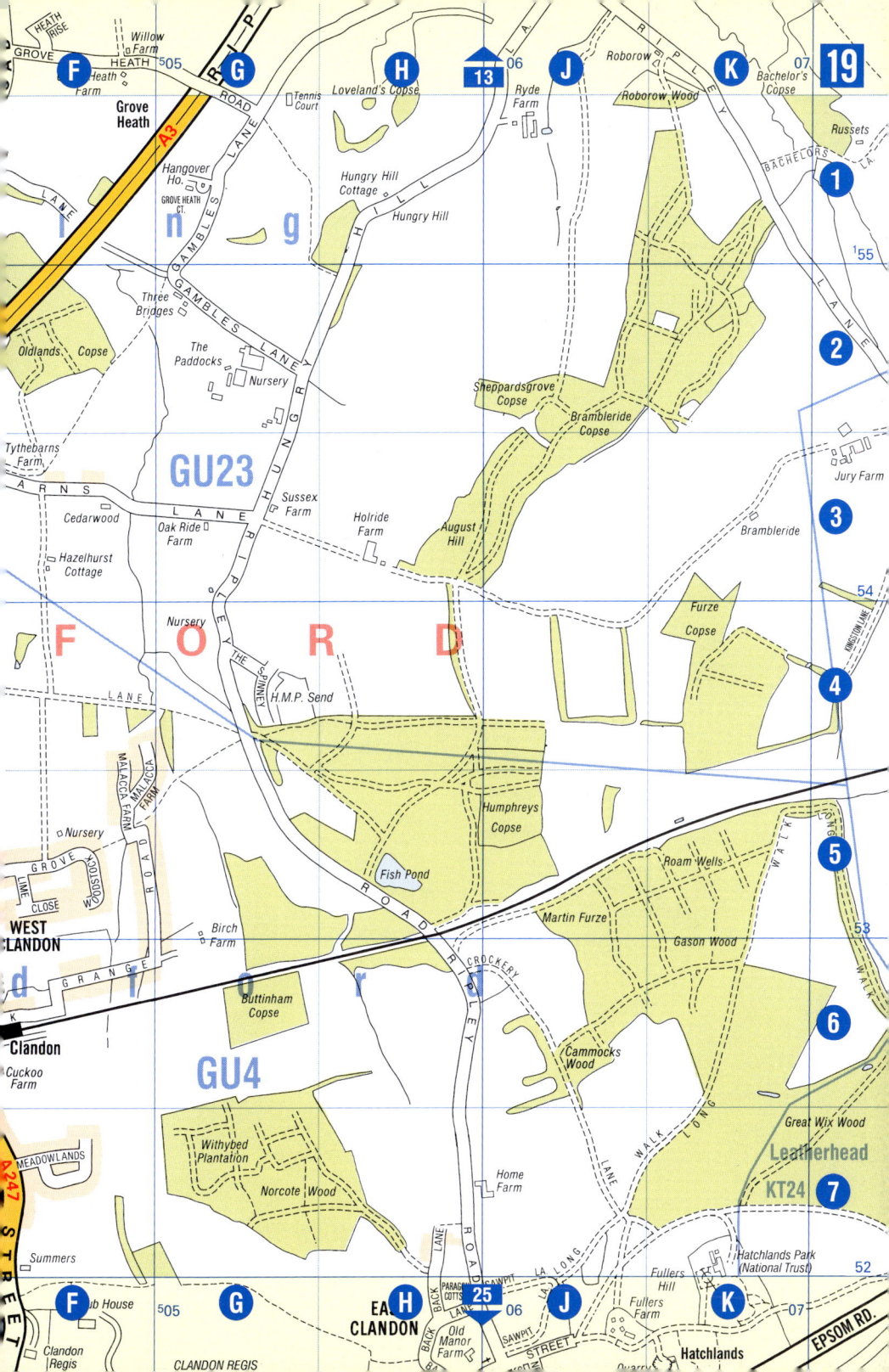

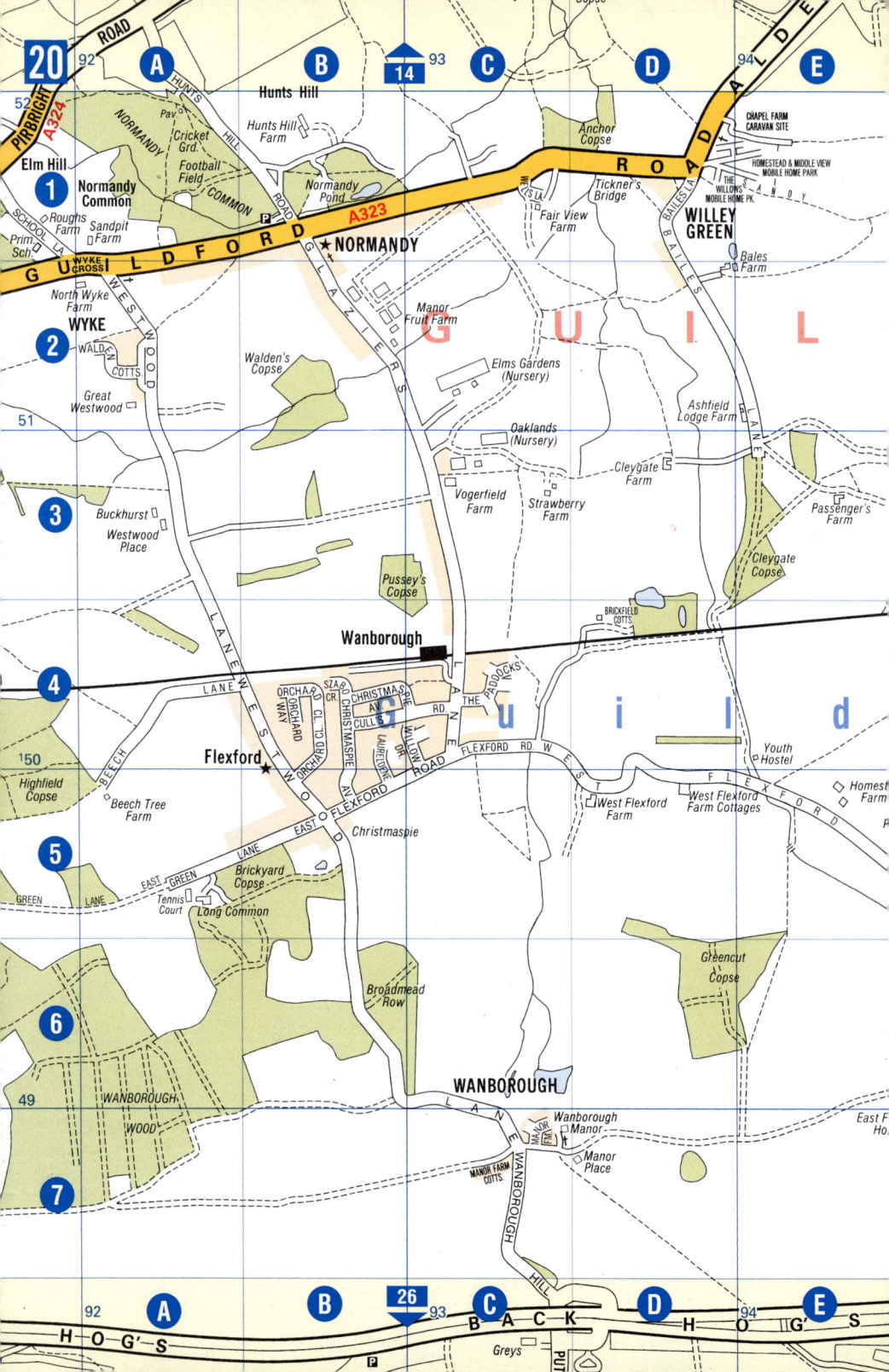

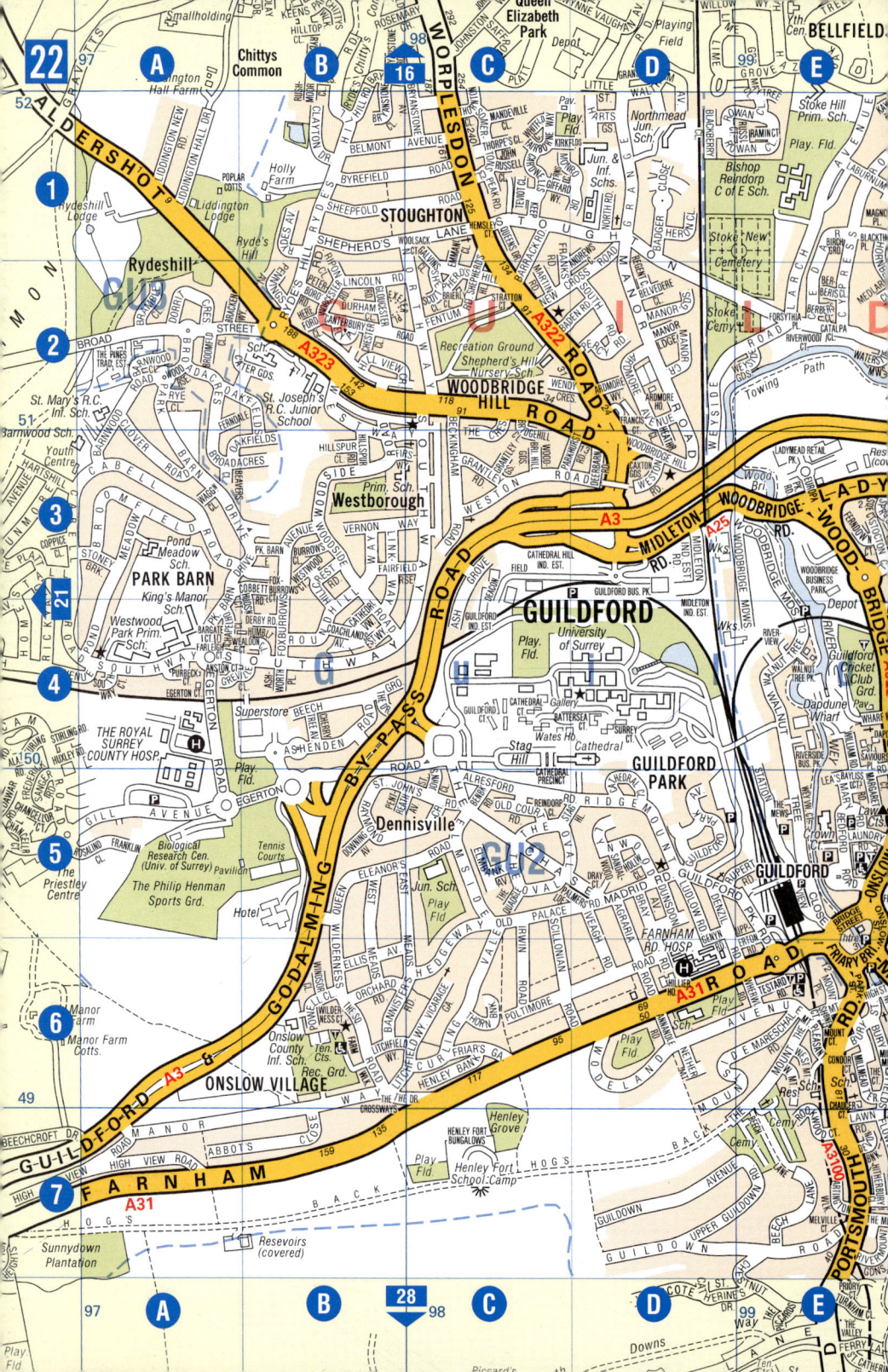

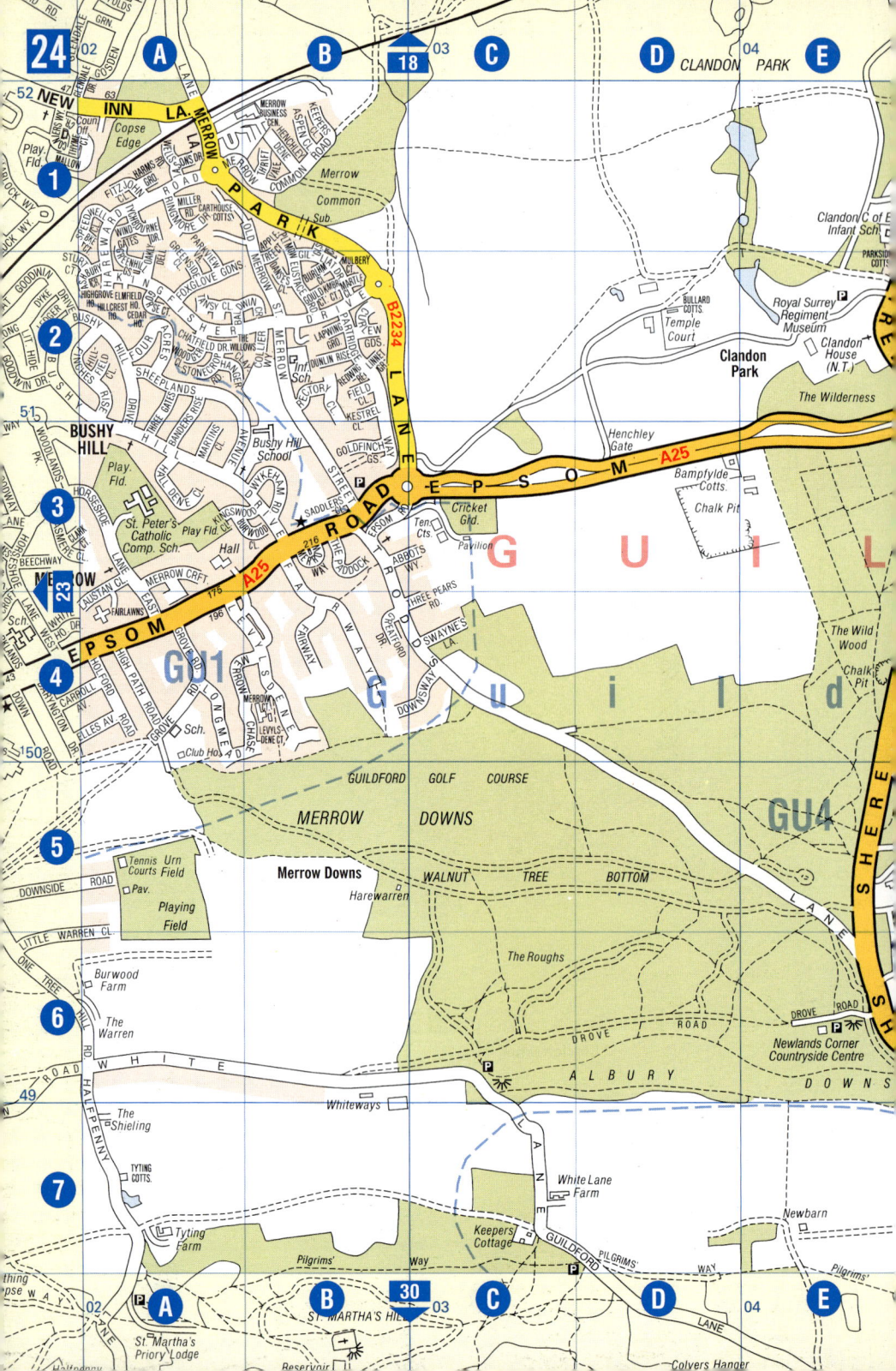

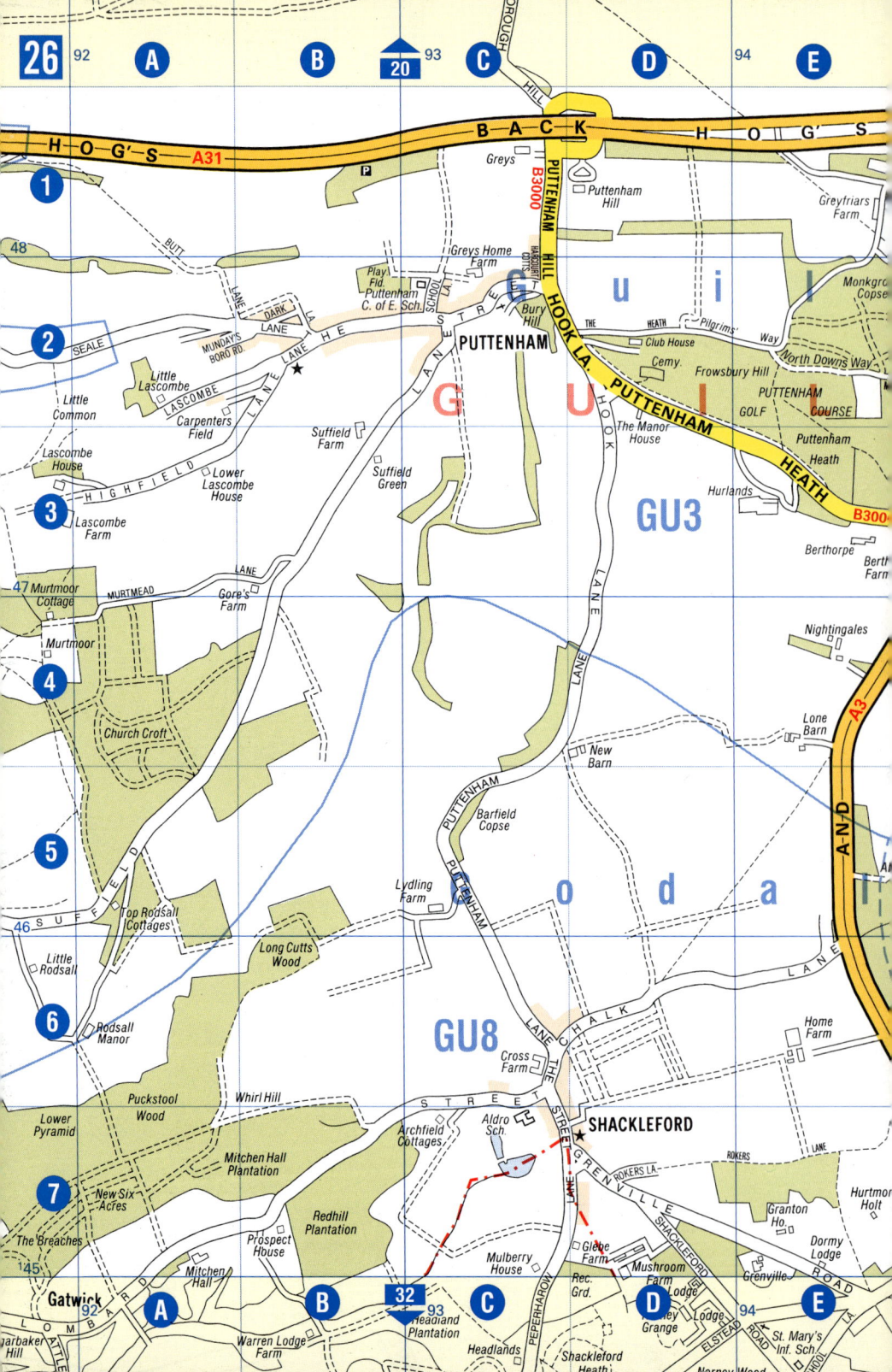

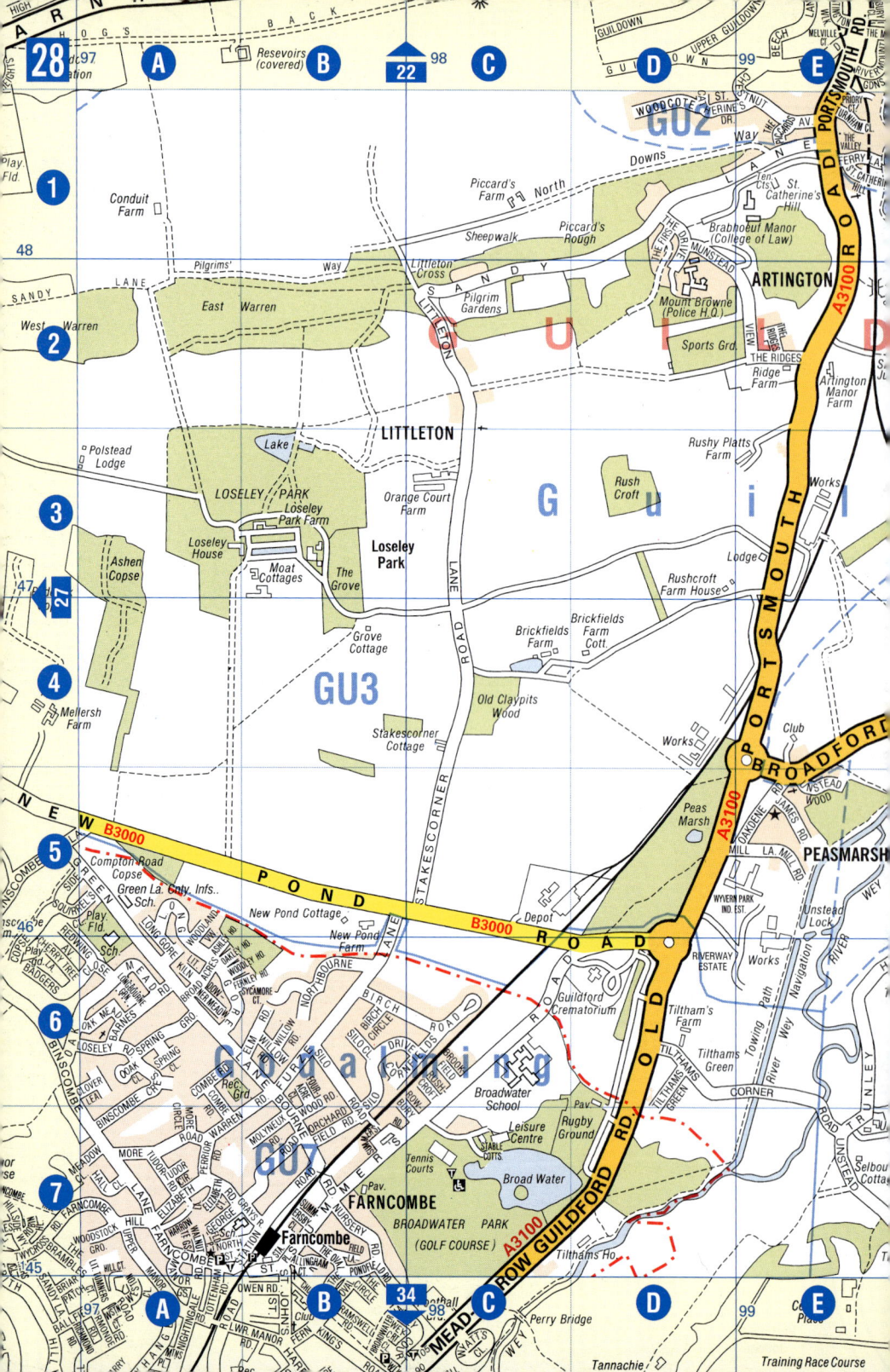

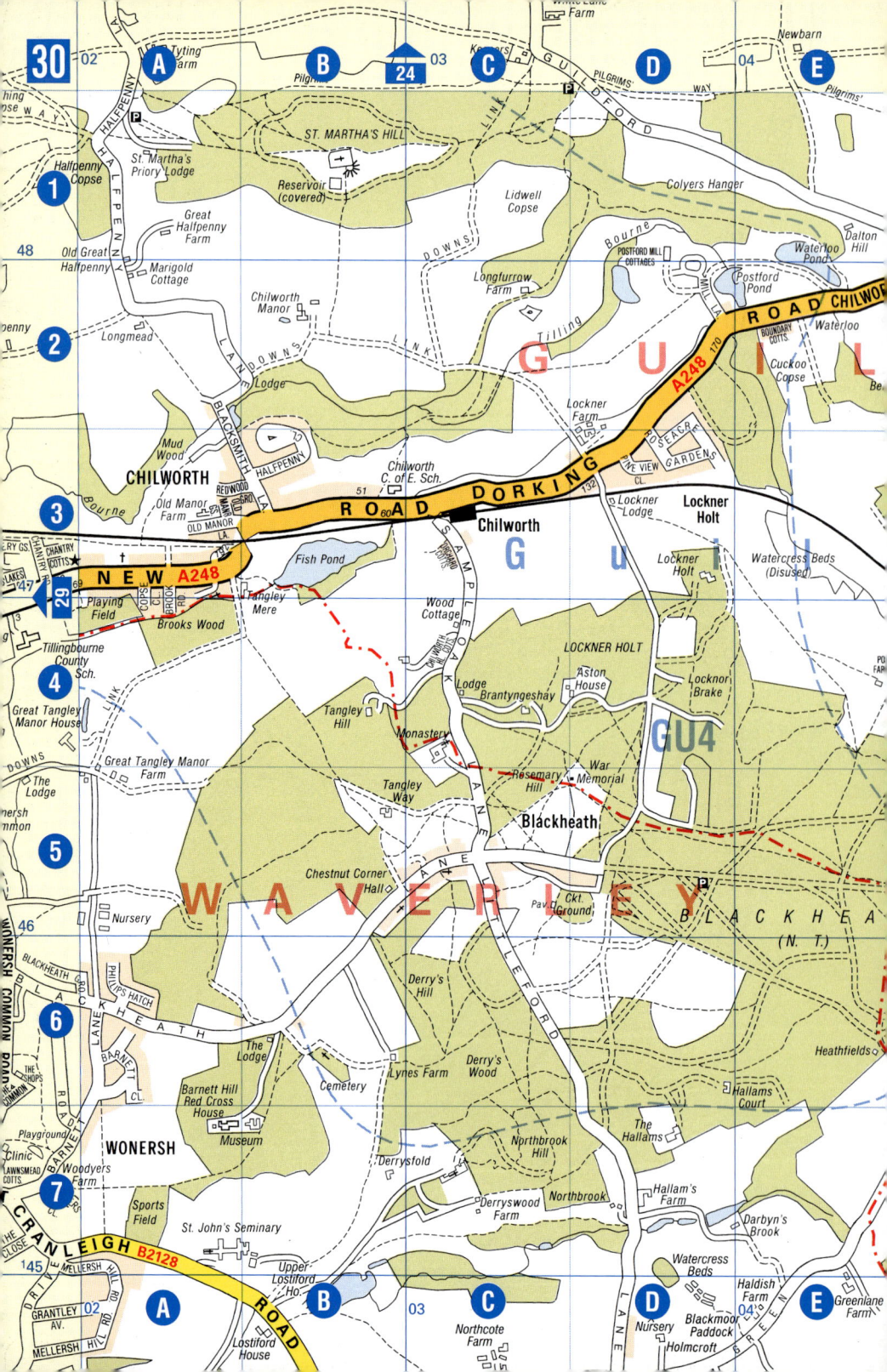

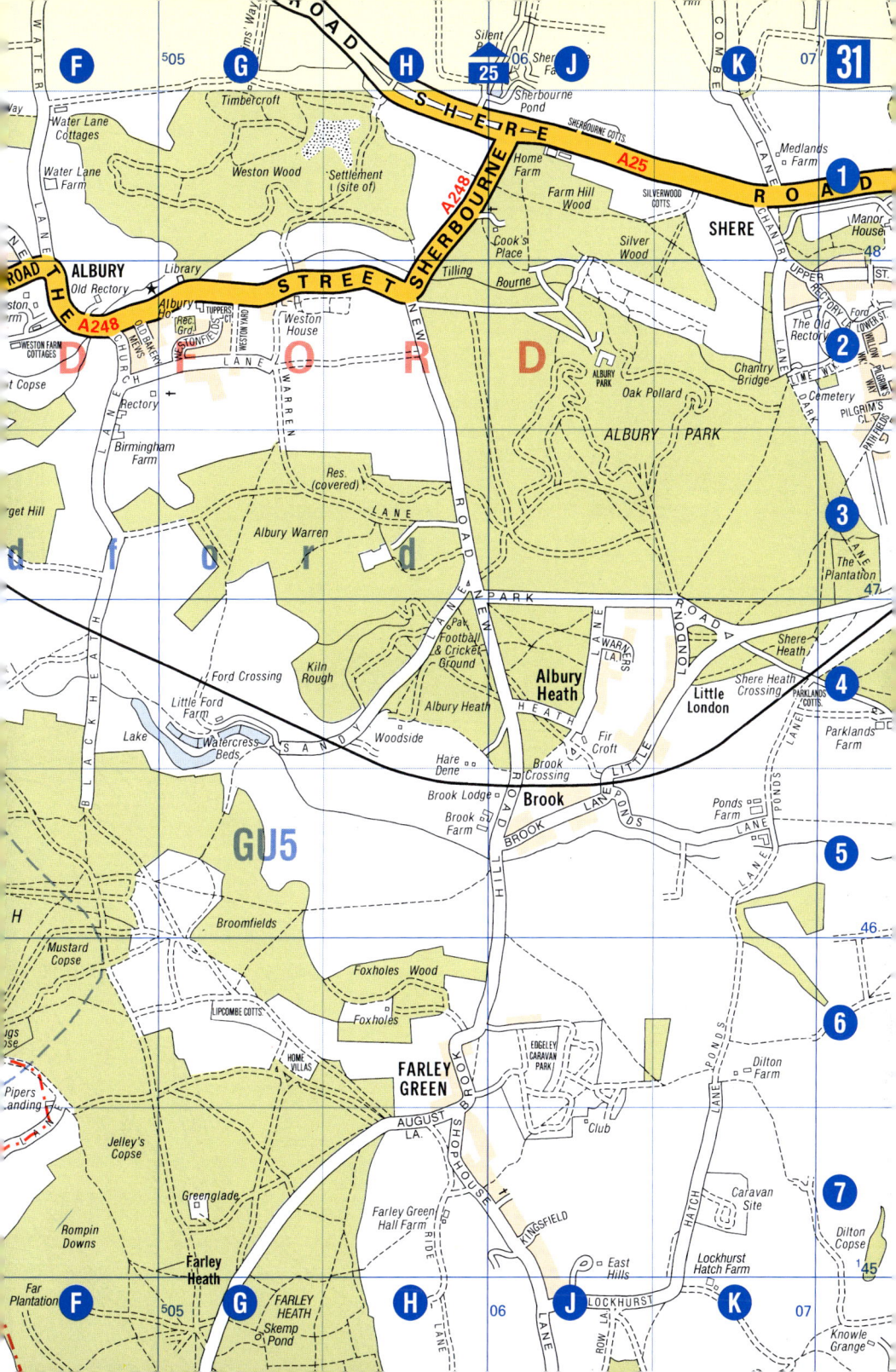

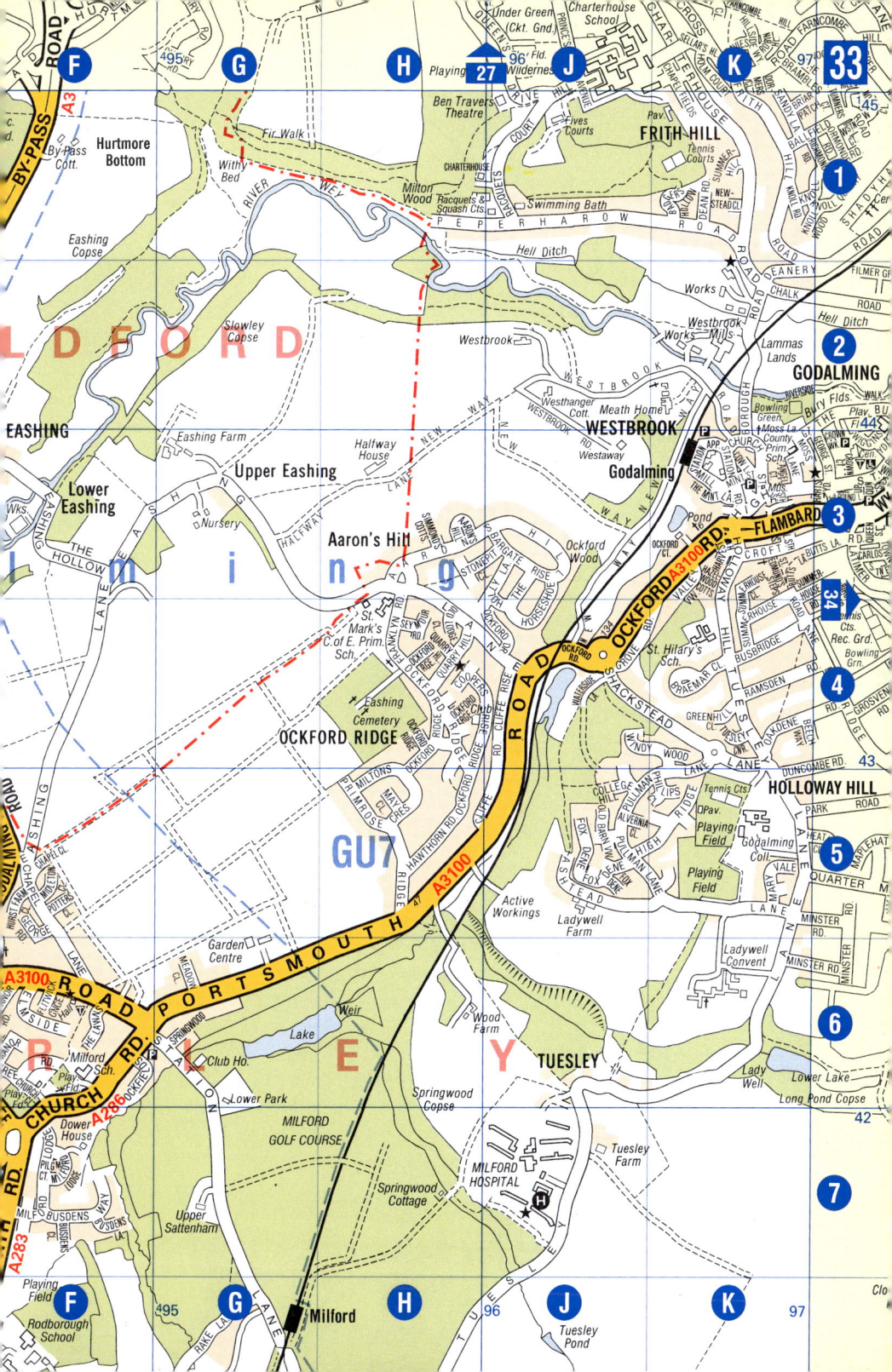

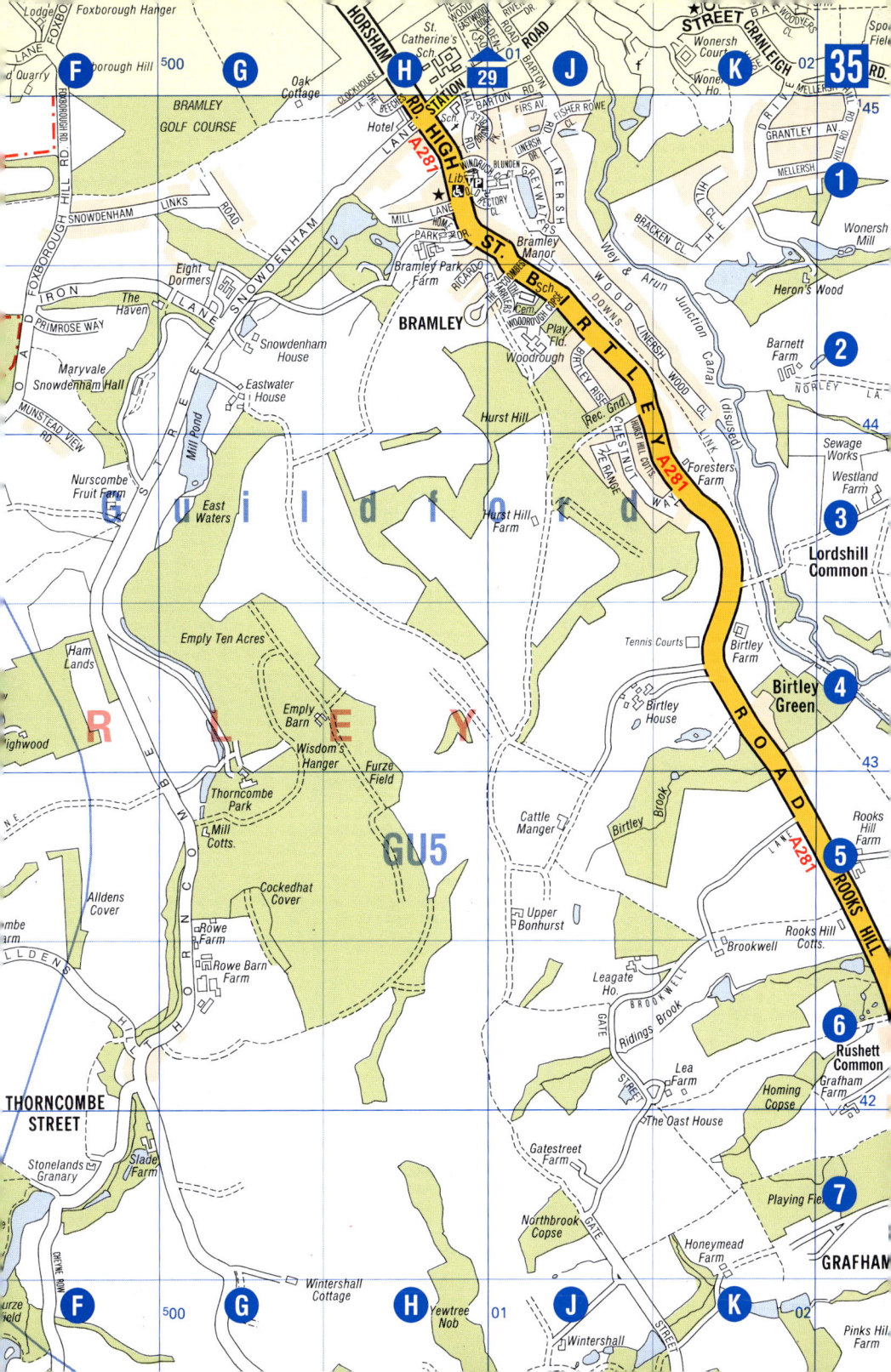

INDEX TO STREETS
Including Industrial Estates and a selection of Subsidiary Addresses.

HOW TO USE THIS INDEX

1. Each street name is followed by its Posttown or Postal Locality and then by its map reference; e.g. Aaron's Hill. *G'ming* —3H **33** is in the Godalming Posttown and is to be found in square 3H on page **33**. The page number being shown in bold type. A strict alphabetical order is followed in which Av., Rd., St., etc. (though abbreviated) are read in full and as part of the street name; e.g. Abbotsford Clo. appears after Abbot's Clo. but before Abbots Way.

2. Streets and a selection of Subsidiary names not shown on the Maps, appear in the index in *Italics* with the thoroughfare to which it is connected shown in brackets; e.g. *Bainton Mead. Wok* —1C **10** (off Cardingham.)

GENERAL ABBREVIATIONS

All : Alley	Clo : Close	Junct : Junction	Rd : Road
App : Approach	Comn : Common	La : Lane	Shop : Shopping
Arc : Arcade	Cotts : Cottages	Lit : Little	S : South
Av : Avenue	Ct : Court	Lwr : Lower	Sq : Square
Bk : Back	Cres : Crescent	Mnr : Manor	Sta : Station
Boulevd : Boulevard	Dri : Drive	Mans : Mansions	St : Street
Bri : Bridge	E : East	Mkt : Market	Ter : Terrace
B'way : Broadway	Embkmt : Embankment	M : Mews	Trad : Trading
Bldgs : Buildings	Est : Estate	Mt : Mount	Up : Upper
Bus : Business	Gdns : Gardens	N : North	Vs : Villas
Cvn : Caravan	Ga : Gate	Pal : Palace	Wlk : Walk
Cen : Centre	Gt : Great	Pde : Parade	W : West
Chu : Church	Grn : Green	Pk : Park	Yd : Yard
Chyd : Churchyard	Gro : Grove	Pas : Passage	
Circ : Circle	Ho : House	Pl : Place	
Cir : Circus	Ind : Industrial	Quad : Quadrant	

POSTTOWN AND POSTAL LOCALITY ABBREVIATIONS

Alb : Albury	*Elst* : Elstead	*Onsl* : Onslow Village	*Sur R* : Surrey Research Park
Bag : Bagshot	*Farnc* : Farncombe	*Ott* : Ottershaw	*Sut G* : Sutton Green
Bisl : Bisley	*G'ming* : Godalming	*Peas* : Peasmarsh	*Wanb* : Wanborough
B'hth : Blackheath	*Guild* : Guildford	*Pep H* : Peper Harow	*W Byf* : West Byfleet
Brmly : Bramley	*Hors* : Horsell	*Pirb* : Pirbright	*W Cla* : West Clandon
Brook E : Brooklands Ind. Est.	*Hurt* : Hurtmore	*Putt* : Puttenham	*W End* : West End
Brook P : Brooklands Ind. Pk.	*Jac* : Jacob's Well	*Pyr* : Pyrford	*W Hor* : West Horsley
Brkwd : Brookwood	*Kingf* : Kingfield	*Rip* : Ripley	*Wey* : Weybridge
Burp : Burpham	*Knap* : Knaphill	*St J* : St. Johns	*Wis* : Wisley
Busb : Busbridge	*Light* : Lightwater	*Send* : Send	*Wok* : Woking
Byfl : Byfleet	*Mayf* : Mayford	*Shack* : Shackleford	*Won* : Wonersh
Cher : Chertsey	*Milf* : Milford	*Shalf* : Shalford	*Wdhm* : Woodham
Chil : Chilworth	*New H* : New Haw	*Sham G* : Shamley Green	*Wood S* : Wood Street Village
Chob : Chobham	*Norm* : Normandy	*Sheer* : Sheerwater	*Worp* : Worplesdon
Comp : Compton	*Ock* : Ockham	*Shere* : Shere	
E Clan : East Clandon	*Old Wok* : Old Woking	*Sly I* : Slyfield Ind. Est.	

INDEX TO STREETS

Aaron's Hill. *G'ming* —3H **33**
Abbey Clo. *Wok* —7C **6**
Abbey Rd. *Wok* —1E **10**
Abbot Clo. *Byfl* —1H **7**
Abbot Rd. *Guild* —6F **23**
Abbot's Clo. *Guild* —7A **22**
Abbotsford Clo. *Wok* —1J **11**
Abbots Way. *Guild* —3B **24**
Abbotswood. *Guild* —2H **23**
Abbotswood Clo. *Guild* —1H **23**
Abelia Clo. *W End* —4E **2**
Abercorn Way. *Wok* —2C **10**
Abingdon Clo. *Wok* —2E **10**
Abinger Way. *Guild* —6K **17**
Acacia Av. *Wok* —4F **11**
Acacia Clo. *Wdhm* —1D **6**
Acacia Dri. *Wdhm* —1D **6**
Acacia Rd. *Guild* —4F **23**
Acer Dri. *W End* —4F **3**
Achilles Pl. *Wok* —1E **10**
Acorn Gro. *Wok* —5G **11**
Adair Wlk. *Pirb* —5B **8**
Adams Croft. *Brkwd* —4C **8**
Addison Ct. *Guild* —6H **23**
Addison Rd. *Guild* —6G **23**
Addison Rd. *Wok* —1H **11**

Admirals Ct. *Guild* —3K **23**
Admiral's Rd. *Pirb* —3A **14**
Agraria Rd. *Guild* —5D **22**
Ainsdale Way. *Wok* —2C **10**
Alanbrooke Clo. *Knap* —2J **9**
Alan Turing Rd. *Sur R* —4K **21**
Albert Dri. *Wok* —6A **6**
Albury Pk. *Alb* —2J **31**
Albury Rd. *Guild* —5H **23**
Aldersey Rd. *Guild* —4H **23**
Aldershot Rd. *Guild* —7E **14**
Aldershot Rd. *Pirb* —4D **14**
Alexandra Gdns. *Knap* —2J **9**
Alexandra Pl. *Guild* —6H **23**
Alexandra Ter. *Guild* —5G **23**
Alford Clo. *Guild* —1H **23**
Alice Ruston Pl. *Wok* —3E **10**
Alison Clo. *Wok* —6G **5**
Alldens Hill. *G'ming & Brmly*
—6F **35**
Alldens La. *G'ming* —5D **34**
Allen Ho. Pk. *Wok* —4E **10**
Allingham Ct. *G'ming* —7B **28**
Alloway Clo. *Wok* —2D **10**
All Saints Rd. *Light* —1C **2**
Alma Clo. *Knap* —1A **10**

Almond Av. *Wok* —5F **11**
Almond Clo. *Guild* —1F **23**
Almsgate. *Comp* —4J **27**
Alpha Rd. *Chob* —1B **4**
Alpha Rd. *Wok* —7K **5**
Alresford Rd. *Guild* —5C **22**
Alterton Clo. *Wok* —1C **10**
Alvernia Clo. *G'ming* —5J **33**
Alwyne Ct. *Wok* —7G **5**
Amberley Clo. *Send* —2D **18**
Amberley Dri. *Wdhm* —2D **6**
(in two parts)
Amberley La. *Milf* —6E **32**
Amberley Rd. *Milf* —5E **32**
Ambleside. *G'ming* —2C **34**
Ambleside Rd. *Light* —2A **2**
Amis Av. *New H* —1E **6**
Amis Rd. *Wok* —3A **10**
Amstel Way. *Knap* —2B **10**
Anchor Cres. *Knap* —1K **9**
Anchor Hill. *Knap* —1K **9**
Andrew Row. *Wok* —7C **6**
Angel Ct. *G'ming* —3K **33**
Angel Ct. *Guild* —3G **27**
Angel Ga. *Guild* —5F **23**
Angelica Rd. *Bisl* —6G **3**

Angelica Rd. *Guild* —7C **16**
Annandale Rd. *Guild* —6D **22**
Anningsley Pk. *Ott* —1K **5**
Anston Ct. *Guild* —4A **22**
Apers Av. *Wok* —5H **11**
Aplin Way. *Light* —2A **2**
Apollo Pl. *St J* —3C **10**
Applegarth. *G'ming* —7J **27**
Applegarth Av. *Guild* —4K **21**
Appletree Clo. *G'ming* —5B **34**
Appletree Ct. *Guild* —1B **24**
Appletrees Pl. *Wok* —3E **10**
Aprilwood Clo. *Wdhm* —2D **6**
Aragon Wlk. *Byfl* —4K **7**
Ardmore Av. *Guild* —2D **22**
Ardmore Ho. *Guild* —2D **22**
Ardmore Way. *Guild* —2D **22**
Arethusa Way. *Bisl* —7F **3**
Argyle St. *Pirb* —5A **8**
Armadale Rd. *Wok* —1C **10**
Arnold Rd. *Wok* —6K **5**
Arreton Mead. *Hors* —5H **5**
Arthur's Bri. Rd. *Wok* —1F **11**
Arthur's Bri. Wharf. *Wok* —1F **11**
Artillery Rd. *Guild* —4F **23**
Artillery Ter. *Guild* —4F **23**

36 A-Z Guildford & Woking

Artington Wlk.—Broadford La.

Artington Wlk. *Guild* —7E **22**
Ashbury Cres. *Guild* —2A **24**
Ash Clo. *Pyr* —6E **6**
Ash Clo. *Wok* —4G **11**
Ashcroft. *Shalf* —4G **29**
Ashenden Rd. *Guild* —4B **22**
Ash Gro. *Guild* —4C **22**
Ashley Ct. *Wok* —2B **10**
Ashley Gdns. *Shalf* —4H **29**
Ashley Ho. *G'ming* —6A **28**
Ashley Rd. *Wok* —2B **10**
Ashley Way. *W End* —4D **2**
Ash Rd. *Pirb* —3F **15**
Ash Rd. *Wok* —4F **11**
Ashtead La. *G'ming* —5J **33**
Ashton Rd. *Wok* —1B **10**
Ashwindham Ct. *Wok* —2B **10**
Ashwood Pk. *Wok* —2J **11**
Ashwood Rd. *Wok* —2H **11**
Ashworth Pl. *Guild* —4B **22**
Aspen Clo. *Guild* —1B **24**
Atherton Clo. *Shalf* —3G **29**
Atkins Clo. *Wok* —2C **10**
Attleford La. *Shack* —1A **32**
August La. *Alb* —7H **31**
Austen Rd. *Guild* —5H **23**
Avenue, The. *Chob* —1B **4**
Avenue, The. *G'ming* —5B **34**
 (Drive, The)
Avenue, The. *G'ming* —5K **27**
 (New Pond Rd.)
Avenue, The. *Light* —1A **2**
Avenue, The. *New H* —1E **6**
Avenue, The. *Worp* —3A **16**
Aviary Rd. *Wok* —7E **6**
Avington Clo. *Guild* —4G **23**
Avonmead. *Wok* —2E **10**
Avonmore Av. *Guild* —3H **23**
Avro Way. *Wey* —1J **7**
Azalea Ct. *Wok* —3F **11**

Bachelors La. *Ock* —1K **19**
Back La. *E Clan* —1H **25**
Bk. of High St. *Chob* —2A **4**
Baden Rd. *Guild* —2C **22**
Badger Clo. *Guild* —1D **22**
Badger Dri. *Light* —1A **2**
Badgers Clo. *G'ming* —6K **27**
Badgers Clo. *Wok* —2E **10**
Badgers Cross. *Milf* —6F **33**
Badgers Hollow. *G'ming* —1K **33**
Badger Wlk. *Guild* —5C **14**
Bagshot Rd. *Knap* —2H **9**
Bagshot Rd. *W End* —3E **2**
Bailes La. *Norm* —1D **20**
Baillie Rd. *Guild* —5H **23**
Bainton Mead. *Wok* —1C **10**
 (off Cardingham)
Baird Dri. *Wood S* —3H **21**
Baker's Yd. *Guild* —5F **23**
Baldwin Cres. *Guild* —2A **24**
Balfour Av. *Wok* —6G **11**
Ballfield Rd. *G'ming* —1K **33**
Balmoral Dri. *Wok* —7A **6**
Bampton Way. *St J* —2C **10**
Banders Rise. *Guild* —3A **24**
Bankside. *Wok* —2D **10**
Banks Way. *Guild* —1H **23**
Bannister's Rd. *Guild* —6B **22**
Barataria Cvn. Site. *Rip* —5D **12**
Bardon Wlk. *Wok* —1D **10**
Bargate Ct. *Guild* —4A **22**
Bargate Rise. *G'ming* —3J **33**
Barley Mow Clo. *Knap* —1K **9**
Barley Mow La. *Knap* —7J **3**

Barnard Ct. *Wok* —2A **10**
Barnato Clo. *W Byf* —3J **7**
Barnby Rd. *Knap* —1K **9**
Barnes Rd. *G'ming* —6A **28**
Barnes Wallis Dri. *Wey* —2J **7**
Barnett Clo. *Won* —6A **30**
Barnett La. *Won* —7K **29**
Barnett Row. *Guild* —6F **17**
Barnmead. *Chob* —1B **4**
Barnsbury Farm Est. *Wok*—4F **11**
Barnsford Cres. *W End* —4G **3**
Barnwood Clo. *Guild* —2A **22**
Barnwood Rd. *Guild* —3A **22**
Barrack Path. *Wok* —2B **10**
Barrack Rd. *Guild* —2C **22**
Barrens Brae. *Wok* —2J **11**
Barrens Clo. *Wok* —2J **11**
Barrens Pk. *Wok* —2J **11**
Barricane. *Wok* —3D **10**
Barr's La. *Knap* —7K **3**
Bars, The. *Guild* —5F **23**
Barton Pl. *Guild* —1K **23**
Barton Rd. *Brmly* —7J **29**
Basset Clo. *Wdhm* —1G **7**
Bassett Rd. *Wok* —7A **6**
Bateson Way. *Wok* —5A **6**
Batten Av. *Wok* —3A **10**
Battersea Ct. *Guild* —4C **22**
Bayliss Ct. *Guild* —5E **22**
Beacon Hill. *Wok* —3E **10**
Beaconsfield Rd. *Wok* —4H **11**
Beatty Av. *Guild* —3J **23**
Beaufort Clo. *Wok* —7A **6**
Beaufort Rd. *Wok* —7A **6**
Beavers Clo. *Guild* —3A **22**
Beckingham Rd. *Guild* —3C **22**
Bedford Clo. *Wok* —6E **4**
Bedford Rd. *Guild* —5E **22**
Bedser Clo. *Wok* —7J **5**
Beech Clo. *Byfl* —3J **7**
Beechcroft Dri. *Guild* —7K **21**
Beech Dri. *Rip* —1E **18**
Beeches, The. *Brmly* —1H **35**
Beech Gdns. *Wok* —6G **5**
Beech Gro. *Brkwd* —5C **8**
Beech Gro. *Guild* —4B **22**
Beech Gro. *Mayf* —7F **11**
Beech Hill. *Wok* —7F **11**
Beech La. *Guild* —7E **22**
Beech La. *Norm* —4A **20**
Beechlawn. *Guild* —5H **23**
Beechvale. *Wok* —2H **11**
 (off Fairview Av.)
Beech Way. *G'ming* —4K **33**
Beechway. *Guild* —3K **23**
Beechwood Clo. *Knap* —1A **10**
Beechwood Rd. *Knap* —1A **10**
Beggars La. *Chob* —2J **3**
Beldam Bri. Rd. *W End* —4G **3**
Belgrave Mnr. *Wok* —3G **11**
Bellfields Ct. *Guild* —7E **16**
Bellfields Rd. *Guild* —2F **23**
Belmont Av. *Guild* —1B **22**
Belmore Av. *Wok* —7B **6**
Belvedere Clo. *Guild* —2D **22**
Benbrick Rd. *Guild* —5C **22**
Benner La. *W End* —3F **3**
Bennett Way. *W Cla* —6E **18**
Bentham Av. *Wok* —6A **6**
Benwell Rd. *Brkwd* —3F **9**
Berberis Clo. *Guild* —2E **22**
 (in two parts)
Bergenia Ct. *W End* —4E **2**
Berkeley Ct. *Guild* —4G **23**
Berkeley Gdns. *W Byf* —5D **6**
Berry La. *Wok* —1K **15**

Berry La. *Worp & Wok* —2J **15**
 (in two parts)
Berry's La. *Byfl* —2H **7**
Beta Rd. *Chob* —1B **4**
Beta Rd. *Wok* —7K **5**
Bethany Pl. *Wok* —2F **11**
Binfield Rd. *Byfl* —3J **7**
Bingham Dri. *Wok* —2B **10**
Binscombe. *G'ming* —6K **27**
Binscombe Cres. *G'ming* —7A **28**
Binscombe La. *G'ming* —5K **27**
 (in two parts)
Birchanger. *G'ming* —3A **34**
Birch Circ. *G'ming* —6B **28**
Birch Clo. *Send* —2D **18**
Birch Clo. *Wok* —3E **10**
Birchdale Clo. *W Byf* —2G **7**
Birches, The. *Wok* —2H **11**
Birch Gro. *Guild* —1E **22**
Birch Gro. *Wok* —6B **6**
Birch La. *W End* —3D **2**
Birch Platt. *W End* —4D **2**
Birch Rd. *G'ming* —6B **28**
Birch Tree View. *Light* —1A **2**
Birch Wlk. *W Byf* —3E **6**
Birchwood Dri. *Light* —1C **2**
Birchwood Dri. *W Byf* —3E **6**
Birchwood Rd. *W Byf* —3E **6**
Birdsgrove. *Knap* —2H **9**
Birdswood Dri. *Wok* —3A **10**
Birnham Clo. *Rip* —1E **18**
Birtley Rise. *Brmly* —2J **35**
Birtley Rd. *Brmly* —2J **35**
Bishops Wood. *Wok* —1B **10**
Bitterne Dri. *Wok* —1B **10**
Blackberry Clo. *Guild* —1D **22**
Blackbridge Rd. *Wok* —4F **11**
Blackburn Way. *G'ming* —2C **34**
Blackdown Av. *Wok* —6C **6**
Blackdown Clo. *Wok* —7B **6**
Blackheath Gro. *Won* —6K **29**
Blackheath La. *Alb* —4F **31**
Blackheath La. *Won & Chil*
 —6K **29**
Blackhorse Rd. *Wok* —4K **9**
Blackmore Cres. *Wok* —6A **6**
Blackness La. *Wok* —3G **11**
Black Prince Clo. *Byfl* —5K **7**
Blacksmith La. *Chil* —2A **30**
Blackstroud La. E. *Light* —2D **2**
Blackstroud La. W. *Light* —2D **2**
Blackthorn Dri. *Light* —3B **2**
Blackthorn Pl. *Guild* —1E **22**
Blackwell Av. *Guild* —4K **21**
Blackwood Clo. *W Byf* —3G **7**
Bladon Clo. *Guild* —3J **23**
Blakes La. *E Clan & W Hors*
 —2J **25**
Blanchards Hill. *Guild* —5G **17**
Blandford Clo. *Wok* —1K **11**
Blencarn Clo. *Wok* —7B **4**
Blenheim Clo. *W Byf* —4D **6**
Blenheim Gdns. *Wok* —3D **10**
Blewfield. *G'ming* —5B **34**
Blind La. *W End* —1F **3**
Bloomfield Clo. *Knap* —1A **10**
Bloomsbury Ct. *Guild* —6H **23**
 (off St Lukes Sq.)
Bluebell Ct. *Wok* —3F **11**
Bluebell Rise. *Light* —3B **2**
Blunden Ct. *Brmly* —1J **35**
Board School Rd. *Wok* —7H **5**
Bolding Ho. La. *W End* —4F **3**
Boltons Clo. *Wok* —7E **6**
Boltons La. *Wok* —7E **6**
Bonners Clo. *Wok* —6H **11**

Bonsey Clo. *Wok* —5G **11**
Bonseys La. *Wok* —5G **11**
Bonseys La. *Chob* —1H **5**
Borough Rd. *G'ming* —2K **33**
Bothy, The. *Pep H* —2D **32**
Boughton Hall Av. *Send* —1D **18**
Boundary Bus. Cen., The. *Wok*
 —6J **5**
Boundary Cotts. *Chil* —2E **30**
Boundary Rd. *Wok* —7J **5**
Boundary Way. *Wok* —6J **5**
Bourne Clo. *Chil* —3K **29**
Bourne Clo. *W Byf* —4F **7**
Bourne Rd. *G'ming* —7B **28**
Bourne Way. *Wok* —6F **11**
Bower Ct. *Wok* —7K **5**
Bowers Clo. *Guild* —7J **17**
Bowers Farm Dri. *Guild* —7K **17**
Bowers La. *Guild* —6J **17**
Boxgrove Av. *Guild* —2J **23**
Boxgrove La. *Guild* —3J **23**
Boxgrove Rd. *Guild* —3J **23**
Bracken Clo. *Wok* —2H **11**
Bracken Clo. *Won* —1J **35**
Brackendene Clo. *Wok* —6J **5**
Brackenlea. *G'ming* —7K **27**
Bracken Way. *Chob* —1B **4**
Bracken Way. *Guild* —2A **22**
Brackenwood Rd. *Wok* —3K **9**
Bradfield Clo. *Guild* —1J **23**
Bradfield Clo. *Wok* —2G **11**
Braemar Clo. *G'ming* —4K **33**
Braeside. *New H* —2F **7**
Bramble Clo. *Guild* —2A **22**
Brambledene Clo. *Wok* —2E **10**
Brambles Pk. *Brmly* —1H **35**
Brambles, The. *G'ming* —7K **27**
Bramble Way. *Rip* —1D **18**
Bramswell Rd. *G'ming* —1B **34**
Brantwood Clo. *W Byf* —4E **6**
Brantwood Ct. *W Byf* —4D **6**
 (off Brantwood Dri.)
Brantwood Dri. *W Byf* —4D **6**
Brantwood Gdns. *W Byf* —4D **6**
Bray Gdns. *Wok* —7C **6**
Bray Rd. *Guild* —5D **22**
Brentmoor Rd. *W End* —4C **2**
Brewery La. *Byfl* —4J **7**
Brewery Rd. *Wok* —1F **11**
Briar Av. *Light* —3A **2**
Briar Clo. *W Byf* —2G **7**
Briar Patch. *G'ming* —1K **33**
Briar Rd. *Send* —7K **11**
Briar Wlk. *W Byf* —3E **6**
Briar Way. *Guild* —7K **17**
Briarwood Rd. *Wok* —3K **9**
Brickfield Cotts. *Guild* —4D **20**
Bridge Barn La. *Wok* —2F **11**
Bridge Clo. *Byfl* —3K **7**
Bridge Clo. *Wok* —1E **10**
Bridge Ct. *Wok* —1F **11**
Bridgehill Clo. *Guild* —3C **22**
Bridgemead. *Pirb* —3F **15**
Bridge M. *G'ming* —3A **34**
Bridge M. *St J* —1F **11**
Bridge Rd. *G'ming* —2A **34**
Bridge St. *G'ming* —3A **34**
Bridge St. *Guild* —5E **22**
Brierly Clo. *Guild* —2C **22**
Bright Hill. *Guild* —6G **23**
Brighton Rd. *G'ming* —3A **34**
Brind Cotts. *Chob* —1B **4**
Brittens Clo. *Guild* —6C **16**
Broad Acres. *G'ming* —6A **28**
Broadacres. *Guild* —2A **22**
Broadford La. *Chob* —3A **4**

Broadford Pk. Bus. Cen.—Clayton Dri.

Broadford Pk. Bus. Cen. *Shalf* —4F **29**
Broadford Rd. *Guild* —4E **28**
Broadmead Rd. *Send & Old Wok* —6K **11**
Broadmeads. *Wok* —6K **11**
Broadoaks Cres. *W Byf* —4F **7**
Broad St. *Guild* —2J **21**
Broad St. *W End* —3D **2**
Broadwater Clo. *Wok* —3B **6**
Broadwater La. *G'ming* —1B **34**
Broadwater Rise. *Guild* —5J **23**
Broadway. *Knap* —2H **9**
Broadway Ct. *Knap* —1J **9**
Broadway Ho. *Knap* —2J **9**
Broadway Rd. *Light & W'sham* —1C **2**
Broadway, The. *New H* —1E **6**
Broadway, The. *Wok* —1H **11**
Brockenhurst Clo. *Wok* —5H **5**
Brockhill. *Wok* —1C **10**
Brocks Clo. *G'ming* —2C **34**
Brocks Dri. *Guild* —7J **15**
Brockway Clo. *Guild* —3K **23**
Brodie Rd. *Guild* —5G **23**
Broke Ct. *Guild* —1A **24**
Brooke Forest. *Guild* —7J **15**
Brookfield. *G'ming* —6C **28**
Brookfield. *Wok* —7D **4**
Brook Grn. Chob —1B **4**
(off Chertsey Rd.)
Brook Hill. *Alb* —6H **31**
Brooklands. *Wey* —1K **7**
Brooklands Ct. *New H* —1H **7**
Brooklands Heliport. *Wey* —1K **7**
Brooklands Rd. *Wey* —2K **7**
Brook La. *Alb* —5J **31**
Brook La. *Chob* —2K **3**
Brook La. *Send* —6C **12**
Brookleys. *Chob* —1B **4**
Brooklyn Clo. *Wok* —3G **11**
Brooklyn Ct. *Wok* —3G **11**
Brooklyn Rd. *Wok* —2G **11**
Brook Rd. *Chil* —4A **30**
Brookside. *Guild* —6F **17**
Brookwell La. *Brmly* —6J **35**
Brookwood Lye Rd. *Brkwd & Wok* —4J **9**
Broomcroft Clo. *Wok* —7B **6**
Broomcroft Dri. *Wok* —6B **6**
Broomfield. *Guild* —3A **22**
Broom Field. *Light* —3A **2**
Broomfield Clo. *Guild* —2A **22**
Broomfield Rd. *New H* —2F **7**
Broomhall End. *Wok* —7G **5**
Broomhall Rd. *Wok* —7G **5**
Browell Ho. Guild —3B **24**
(off Merrow St.)
Bruce Clo. *Byfl* —4J **7**
Brunswick Dri. *Brkwd* —4D **8**
Bryanstone Av. *Guild* —7B **16**
Bryanstone Clo. *Guild* —1B **22**
Bryanstone Gro. *Guild* —7B **16**
Brynford Clo. *Wok* —6G **5**
Bryony Rd. *Guild* —1K **23**
Buckingham Clo. *Guild* —3H **23**
Bucks Clo. *W Byf* —5F **7**
Bullard Cotts. *Guild* —2D **24**
Bullbeggars La. *Wok* —7D **4**
Bullswater Comn. Rd. *Pirb* —2G **15**
Bungalow, The. *Guild* —6B **16**
Bunyan's La. *Knap* —5J **3**
Bunyard Dri. *Wok* —5A **6**
Burdenshott Hill. *Worp* —2C **16**

Burdenshott Rd. *Worp* —2C **16**
Burden Way. *Guild* —6D **16**
Burdock Clo. *Light* —2B **2**
Burleigh Gdns. *Wok* —7H **5**
Burlington Clo. *Guild* —2B **24**
Burnet Av. *Guild* —1K **23**
Burnet Clo. *W End* —4E **2**
Burnham Clo. *Knap* —2K **9**
Burnham Ga. *Guild* —4F **23**
Burnham Rd. *Knap* —2K **9**
Burntcommon Clo. *Rip* —2D **18**
Burntcommon La. *Rip* —2E **18**
Burnt Pollard La. *Light* —1E **2**
Burpham La. *Guild* —7J **17**
Burr Hill La. *Chob* —1B **4**
Burrows Clo. *Guild* —3B **22**
Burwood Clo. *Guild* —3B **24**
Bury Clo. *Wok* —7F **5**
Bury Fields. *Guild* —6E **22**
Bury La. *Wok* —7E **4**
Burys, The. *G'ming* —2A **34**
Bury St. *Guild* —6E **22**
Busbridge La. *G'ming* —4K **33**
Busdens Clo. *Milf* —7F **33**
Busdens La. *Milf* —7F **33**
Busdens Way. *Milf* —7F **33**
Bush La. *Send* —1B **18**
Bushy Hill Dri. *Guild* —2K **23**
Butt La. *Guild* —1A **26**
Butts La. *G'ming* —3K **33**
Butts Rd. *Wok* —1G **11**
Byfleet Ind. Est. *Byfl* —2H **7**
Byfleet Rd. *New H* —1H **7**
Byfleet Technical Cen. *Byfl* —2H **7**
Bylands. *Wok* —2J **11**
Byrefield Rd. *Guild* —1B **22**
Byron Clo. *Knap* —1A **10**

Cabell Rd. *Guild* —3K **21**
Cadogan Ho. Guild —5H **23**
(off St Lukes Sq.)
Caillard Rd. *Byfl* —2J **7**
Caledon Pl. *Guild* —1J. **23**
Calluna Ct. *Wok* —2H **11**
Cambridge Clo. *Wok* —2B **10**
Camellia Ct. *W End* —4F **3**
Campbell Av. *Wok* —5H **11**
Camphill Ct. *W Byf* —3E **6**
Camphill Ind. Est. *W Byf* —2F **7**
Camphill Rd. *W Byf* —3E **6**
Canada Rd. *Byfl* —2H **7**
Candlerush Clo. *Wok* —1K **11**
Canewdon Clo. *Wok* —3G **11**
Cannon Cres. *Chob* —2A **4**
Canterbury Rd. *Guild* —2B **22**
Capital Pk. *Wok* —5K **11**
Capstans Wharf. *St J* —2B **10**
Caradon Clo. *Wok* —2D **10**
Caraway Pl. *Guild* —6C **16**
Cardamom Clo. *Guild* —7C **16**
Cardigan Clo. *Wok* —2A **10**
Cardingham. *Wok* —1C **10**
Cardwells Keep. *Guild* —1C **22**
Carlos St. *G'ming* —3A **34**
Carlton Clo. *Wok* —5H **5**
Carlton Rd. *Wok* —5J **5**
Carmel Clo. *Wok* —2G **11**
Carolyn Clo. *Wok* —3B **10**
Carroll Av. *Guild* —4K **23**
Cartbridge Clo. *Send* —7K **11**
Carters La. *Wok* —4A **12**
Carthouse Cotts. *Guild* —1A **24**
Carthouse La. *Wok* —5A **4**
Castle Gro. Rd. *Chob* —4K **3**
Castle Hill. *Guild* —6F **23**

Castle Rd. *Wok* —5H **5**
Castle Sq. *Guild* —6F **23**
Castle St. *Guild* —6F **23**
Catalpa Clo. *Guild* —2E **22**
Catena Rise. *Light* —1A **2**
Cater Gdns. *Guild* —2B **22**
Caterham Clo. *Pirb* —5E **8**
Cathedral Clo. *Guild* —5D **22**
Cathedral Ct. *Guild* —4C **22**
Cathedral Hill Ind. Est. *Guild* —3C **22**
Cathedral Precinct. *Guild* —5C **22**
Cathedral View. *Guild* —4B **22**
Catherine Clo. *Byfl* —5J **7**
Catteshall Hatch. *G'ming* —1C **34**
Catteshall La. *G'ming* —3A **34**
Catteshall Rd. *G'ming* —1C **34**
(in two parts)
Catteshall Ter. G'ming —2C **34**
(off Catteshall Rd.)
Causeway Ct. *Wok* —2B **10**
Cavendish Rd. *Wok* —3F **11**
Cavenham Clo. *Wok* —3G **11**
Cawsey Way. *Wok* —1G **11**
Caxton Gdns. *Guild* —3D **22**
Cedar Gdns. *Wok* —2D **10**
Cedar Ho. *Bisl* —6G **3**
Cedar Ho. *Guild* —2A **24**
Cedar Rd. *Wok* —4D **10**
Cedars Ct. *Guild* —1J **23**
Cedars, The. *Byfl* —3K **7**
Cedars, The. *Guild* —1J **23**
Cedars, The. *Milf* —7E **32**
Cedars, The. *Pirb* —6D **8**
Cedar Way. *Guild* —2E **22**
Celtic Rd. *Byfl* —5J **7**
Cemetery Pales. *Brkwd* —6G **9**
Century Way. *Pirb* —3D **8**
Chalk La. *Shack* —6D **26**
Chalk Rd. *G'ming* —2K **33**
Chancellor Ct. *Guild* —5K **21**
(in two parts)
Channings. *Hors* —6G **5**
Chantry Cotts. *Chil* —3K **29**
Chantry La. *Shere* —1K **31**
Chantry Rd. *Chil* —3K **29**
Chantry View Rd. *Guild* —7F **23**
Chapel Clo. *Milf* —5F **33**
Chapel Farm Cvn. Site. *Norm* —1E **20**
Chapel Fields. *G'ming* —7K **27**
Chapelhouse Clo. *Guild* —4A **22**
Chapel La. *Milf* —5F **33**
Chapel La. *Pirb* —6G **9**
Chapel St. *Guild* —6F **23**
Chapel St. *Wok* —1H **11**
Charlock Way. *Guild* —1K **23**
Charlotte Ct. *Guild* —6H **23**
Charterhouse. *G'ming* —1H **33**
Charterhouse Rd. *G'ming* —7K **27**
Chasefield Clo. *Guild* —1J **23**
Chase, The. *Guild* —5C **22**
Chatfield Dri. *Guild* —2A **24**
Chatton Row. *Bisl* —1G **9**
Chaucer Ct. *Guild* —6E **22**
Cheapside. *Wok* —5F **5**
Cheniston Clo. *W Byf* —4E **6**
Chequer Tree Clo. *Knap* —7A **4**
Cherry St. *Wok* —2G **11**
Cherry Tree Av. *Guild* —4B **22**
Cherry Tree La. *G'ming* —6K **27**
Cherry Tree Rd. *Milf* —6E **32**
Chertsey Rd. *Byfl* —2H **7**
Chertsey Rd. *Chob & Cher* —1B **4**
Chertsey Rd. *Wok* —1H **11**
Chertsey St. *Guild* —5F **23**

Cheselden Rd. *Guild* —5G **23**
Chesham M. *Guild* —5G **23**
Chesham Rd. *Guild* —5H **23**
Chester Clo. *Guild* —2B **22**
Chestnut Av. *Guild* —1E **28**
Chestnut Clo. *Rip* —2D **18**
Chestnut Gro. *Guild* —4G **11**
Chestnut Rd. *Guild* —4F **23**
Chestnut Wlk. *Byfl* —3J **7**
Chestnut Way. *Brmly* —3J **35**
Chestnut Way. *G'ming* —5B **34**
Chevremont. *Guild* —5G **23**
Cheyne Row. *Brmly* —7F **35**
Chiltern Clo. *Wok* —6E **10**
Chilworth Hill Cotts. *Chil* —4C **30**
Chilworth Rd. *Alb* —2E **30**
Chinthurst La. *Shalf & Brmly* —4G **29**
Chinthurst Pk. *Shalf* —5G **29**
Chipstead Ct. *Knap* —1A **10**
Chirton Wlk. *Wok* —2C **10**
Chittenden Cotts. *Wis* —7J **7**
Chittys Wlk. *Guild* —7B **16**
Chobham Pk. La. *Chob* —1C **4**
Chobham Rd. *Knap* —2H **9**
Chobham Rd. *Wok* —4E **4**
Choir Grn. *Knap* —1A **10**
Christchurch Way. *Wok* —1H **11**
Christie Clo. *Guild* —1F **23**
Christie Clo. *Light* —1C **2**
Christmas Hill. *Shalf* —4H **29**
Christmaspie Av. *Norm* —4B **20**
Church Clo. *Brkwd* —5F **9**
Church Clo. *Hors* —7F **5**
Church Clo. *Milf* —6F **33**
Churchfields. *Guild* —6J **17**
Churchfields. *Hors* —7G **5**
Church Hill. *Hors* —7F **5**
Church Hill. *Pyr* —1D **12**
Churchill Rd. *Guild* —5G **23**
Church La. *Alb* —2F **31**
Church La. *Bisl* —6G **3**
Church La. *Pirb* —6C **8**
Church La. *Send* —3K **17**
Church La. *Worp* —4A **16**
Church Path. *Wok* —1H **11**
Church Rd. *Byfl* —5J **7**
Church Rd. *Guild* —5F **23**
Church Rd. *Hors* —6G **5**
Church Rd. *Milf* —7F **33**
Church Rd. *St J* —3C **10**
Church Rd. *W End* —3F **3**
Church St. *G'ming* —3K **33**
Church St. *Old Wok* —5A **12**
Church St. *Wok* —1H **11**
Church St. W. *Wok* —1G **11**
Church Wlk. *Wok* —5F **5**
Chuters Clo. *Byfl* —3J **7**
Cinder Path. *Wok* —3E **10**
Cinnamon Gdns. *Guild* —6C **16**
Circle Gdns. *Byfl* —4K **7**
Circle, The. *G'ming* —1B **34**
Circuit Cen. *Brook E* —2J **7**
Clandon Rd. *Guild* —5G **23**
Clandon Rd. *W Cla* —2D **18**
Clappers La. *Chob* —2J **3**
Clare Clo. *W Byf* —4E **6**
Claredale. *Wok* —3G **11**
Claremont Av. *Wok* —3G **11**
Claremont Dri. *Wok* —3G **11**
Claremont Rd. *W Byf* —3E **6**
Clark La. *Guild* —3B **22**
Claydon Rd. *Wok* —7C **4**
Clayhanger. *Guild* —2A **24**
Clay La. *Guild* —5F **17**
Clayton Dri. *Guild* —1B **22**

38 A-Z Guildford & Woking

Cleardown—Edgeley Cvn. Pk.

Cleardown. *Wok* —2K **11**
Clearsprings. *Light* —1A **2**
Cleeve, The. *Guild* —4J **23**
Clews La. *Bisl* —7G **3**
Cliffe Rise. *G'ming* —4J **33**
Cliffe Rd. *G'ming* —5H **33**
Clifford Mnr. Rd. *Guild* —1G **29**
Clifton Way. *Wok* —1B **10**
Cline Rd. *Guild* —6H **23**
Clinton Clo. *Knap* —2K **9**
Clock Ho. Clo. *Byfl* —3K **7**
Clockhouse Ct. *Guild* —7E **16**
Clockhouse La. *Brmly* —7H **29**
Clodhouse Hill. *Wok* —6K **9**
Cloisters, The. *Wok* —5K **11**
Close, The. *G'ming* —4B **34**
Close, The. *Guild* —2F **29**
Close, The. *Light* —1A **2**
Close, The. *W Byf* —4E **6**
Close, The. *Won* —7K **29**
Clover Clo. *Wok* —3F **11**
Clover Lea. *G'ming* —6A **28**
Clover Rd. *Guild* —3A **22**
Club Row. *Pirb* —3D **8**
Coachlands Av. *Guild* —4B **22**
Cobbett Rd. *Guild* —3B **22**
Cobbetts Clo. *Norm* —6F **15**
Cobbetts Clo. *Guild* —1D **10**
Cobbetts Wlk. *Bisl* —6G **3**
Cobs Way. *New H* —1G **7**
Codrington Ct. *Wok* —2B **10**
Colbarn Cres. *Guild* —1J **23**
Coldharbour La. *W End* —2F **3**
Coldharbour La. *Wok* —6D **6**
Coldharbour Rd. *W Byf & Wok*
—6D **6**
Coley Av. *Wok* —2J **11**
College Hill. *G'ming* —5J **33**
College La. *Wok* —3E **10**
College Rd. *Guild* —5F **23**
College Rd. *Wok* —7K **5**
Collens Field. *Pirb* —1F **15**
Colliers Clo. *Wok* —1D **10**
Collier Way. *Guild* —2B **24**
Collingwood Cres. *Guild* —3J **23**
Coltsfoot Dri. *Guild* —1K **23**
Colville Gdns. *Light* —2C **2**
Colyton Clo. *Wok* —2E **10**
Combe La. *Brmly* —7K **25**
Combe La. *G'ming* —5E **34**
Combe Rd. *G'ming* —6A **28**
Comeragh Clo. *Wok* —4C **10**
Commercial Rd. *Guild* —5F **23**
Commercial Way. *Wok* —1G **11**
Common Clo. *Wok* —5F **5**
Commonfields. *W End* —4F **3**
Common La. *New H* —1G **7**
Common, The. *Shalf* —4G **29**
(in two parts)
Common, The. *Won* —6K **29**
Compton Ct. *Guild* —5H **23**
Compton Heights. *Guild* —7K **21**
Condor Ct. *Guild* —6E **22**
Conford Dri. *Shalf* —4G **29**
Coniers Way. *Guild* —1K **23**
Conista Ct. *Wok* —7B **4**
Coniston Ct. *Light* —1B **2**
Coniston Rd. *Wok* —4K **11**
Connaught Cres. *Brkwd* —4F **9**
Connaught Dri. *Wey* —2K **7**
Connaught Rd. *Brkwd* —5F **9**
Constitution Hill. *Wok* —3G **11**
Coombe La. *Worp* —6J **15**
Coombes, The. *Brmly* —2J **35**
Coombe Way. *Byfl* —3K **7**
Cooper Rd. *Guild* —6H **23**

Coopers Hill Dri. *Brkwd* —4C **8**
Coopers Rise. *G'ming* —4H **33**
Copley Clo. *Wok* —3A **10**
Copper Beech Clo. *Wok* —5D **10**
Coppice Clo. *Guild* —3K **21**
Coppice End. *Wok* —7C **6**
Copse Clo. *Chil* —3A **30**
Copse Rd. *Wok* —2B **10**
Copse Side. *G'ming* —6K **27**
Copthall Way. *New H* —1D **6**
Copthorne Dri. *Light* —1B **2**
Coriander Cres. *Guild* —6C **16**
Corner Bungalows. *G'ming*
—6H **27**
Corner, The. *W Byf* —4E **6**
Cornfields. *G'ming* —6B **28**
Cornwall Av. *Byfl* —5K **7**
Corrie Rd. *Wok* —4K **11**
Cotts Wood Dri. *Guild* —6J **17**
Council Cotts. *W End* —3F **3**
Council Cotts. *Wis* —6H **7**
Courtenay M. *Wok* —7J **5**
Courtenay Rd. *Wok* —7J **5**
Court Grn. Heights. *Wok* —4E **10**
Court, The. *Guild* —6E **22**
Cow La. *G'ming* —3K **33**
Cowshot Cres. *Brkwd* —4D **8**
Cowslip La. *Hors* —6D **4**
*Craigmore Tower. Wok —3G **11**
(off Guildford Rd.)*
Cranfield Ct. *St J* —2C **10**
Cranleigh Rd. *Won* —7K **29**
Cranley Clo. *Guild* —4J **23**
Cranley Pl. *Knap* —2K **9**
Cranley Rd. *Guild* —4H **23**
Cranstoun Clo. *Guild* —7B **16**
Crescent, The. *Guild* —3C **22**
Cresta Dri. *Wdhm* —1D **6**
Creston Av. *Knap* —7A **4**
Creswell Corner. *Knap* —1K **9**
Crockery La. *E Clan* —6J **19**
Croft Rd. *G'ming* —3K **33**
Cromar Ct. *Hors* —7E **4**
Crossacres. *Wok* —6C **6**
Cross Lanes. *Guild* —4H **23**
Crossways, The. *Guild* —6B **22**
Crown Ct. *G'ming* —3A **34**
Crown Heights. *Guild* —7G **23**
Crownpits La. *G'ming* —4A **34**
Crown Sq. *Wok* —1H **11**
Crown Wlk. *G'ming* —3A **34**
Cubitt Way. *Knap* —2K **9**
Cuckoo La. *W End* —4D **2**
Cuckoo Vale. *W End* —4D **2**
Cull's Rd. *Guild* —4B **20**
Culworth Ho. *Guild* —5G **23**
Cumberland Av. *Guild* —6C **16**
Cunningham Av. *Guild* —3J **23**
Curlew Gdns. *Guild* —2B **24**
Curling Vale. *Guild* —6C **22**
Cygnet Clo. *Wok* —7D **4**
Cypress Rd. *Guild* —2E **22**

Daffodil Dri. *Bisl* —7G **3**
Dagden Rd. *Shalf* —3G **29**
Dagley Farm Cvn. Pk. *Shalf*
—3E **28**
Dagley La. *Guild* —2F **29**
Dairyman's Wlk. *Guild* —6K **17**
Dale View. *Wok* —2D **10**
Damask Clo. *W End* —4E **2**
Dane Ct. *Wok* —6D **6**
Danes Hill. *Wok* —2K **11**
Danesrood. *Guild* —5H **23**
Danone Ct. *Guild* —4F **23**

Danses Clo. *Guild* —2B **24**
Dapdune Ct. *Guild* —4E **22**
Dapdune Rd. *Guild* —4F **23**
Darfield Rd. *Guild* —1J **23**
Dark La. *Putt* —2B **26**
Dark La. *Shere* —2K **31**
Dartmouth Av. *Sheer* —5A **6**
Dartmouth Grn. *Wok* —5B **6**
Dartmouth Path. *Wok* —5B **6**
Dartnell Av. *W Byf* —3F **7**
Dartnell Clo. *W Byf* —3F **7**
Dartnell Cres. *W Byf* —3F **7**
Dartnell Pk. Rd. *W Byf* —3F **7**
Dartnell Pl. *W Byf* —3F **7**
Darvel Clo. *Wok* —7C **4**
Daryngton Dri. *Guild* —4K **23**
Dashwood Clo. *W Byf* —3G **7**
Davies Clo. *G'ming* —7K **27**
Davis Rd. *Wey* —1K **7**
Davos Clo. *Wok* —3G **11**
Dawney Hill. *Pirb* —5E **8**
Dawneys Rd. *Pirb* —6E **8**
Dawson Rd. *Byfl* —2H **7**
Dayspring. *Guild* —7D **16**
Deacon Field. *Guild* —3C **22**
Dean Clo. *Wok* —7C **6**
*Deanery Pl. G'ming —3K **33**
(off Church St.)*
Deanery Rd. *G'ming* —2K **33**
Dean Rd. *G'ming* —4K **33**
Dedswell Dri. *W Cla* —6E **18**
Deep Pool La. *Hors* —5D **4**
Deerbarn Rd. *Guild* —3D **22**
Deer Leap. *Light* —2A **2**
Deers Farm Clo. *Wis* —7J **7**
De Havilland Dri. *Wey* —2J **7**
De Lara Way. *Wok* —2F **11**
Dell, The. *Wok* —3E **10**
Delta Clo. *Chob* —1B **4**
Delta Rd. *Chob* —1B **4**
Delta Rd. *Wok* —7J **5**
*Denehurst Ct. Guild —5G **23**
(off York Rd.)*
Dene Pl. *Wok* —2E **10**
Dene Rd. *Guild* —5G **23**
Denholm Gdns. *Guild* —1J **23**
Denly Way. *Light* —1C **2**
Denmark Rd. *Guild* —5G **23**
Dennis Way. *Guild* —6G **17**
Denton Way. *St J* —2B **10**
Denvale Wlk. *Wok* —2C **10**
Denzil Rd. *Guild* —5D **22**
Derby Rd. *Guild* —4B **22**
Derrydown. *Wok* —5E **10**
Derwent Rd. *Light* —2B **2**
Devoil Clo. *Guild* —7K **17**
Devon Bank. *Guild* —7E **22**
Devonshire Av. *Wok* —5A **6**
Dianthus Ct. *Wok* —2F **11**
Digby Way. *Byfl* —3K **7**
Dillon Cotts. *Guild* —6A **18**
Dinsdale Clo. *Wok* —2J **11**
Dixon Rd. *Wey* —1K **7**
Dodds Cres. *W Byf* —5F **7**
Dodd's La. *Wok* —5E **6**
Dolleyshill Cvn. Pk. *Norm*
—7A **14**
Donnafields. *Bisl* —7G **3**
Donne Gdns. *Wok* —6C **6**
Dorchester Ct. *Wok* —7J **5**
Dorincourt. *Wok* —6C **6**
Dorking Rd. *Chil* —3C **30**
Dorking Vs. *Knap* —1K **9**
Dormers Clo. *G'ming* —7K **27**
Dorrit Cres. *Guild* —2A **22**
Dorset Dri. *Wok* —1K **11**

Dorset Way. *Byfl* —1H **7**
Douglas Clo. *Guild* —5F **17**
Douglas Dri. *G'ming* —2B **34**
Dovedale Clo. *Guild* —1J **23**
Doverfield Rd. *Guild* —1J **23**
Doversmead. *Knap* —7A **4**
Downer Meadow. *G'ming* —6A **28**
Downing Av. *Guild* —5B **22**
Down La. *Comp* —3H **27**
Down Rd. *Guild* —4K **23**
Downside Orchard. *Wok* —1J **11**
Downside Rd. *Guild* —5K **23**
Downs Link. *Chil* —2B **30**
Downsview Av. *Wok* —5H **11**
Downsview Ct. *Guild* —7E **16**
Downsway. *Guild* —4C **24**
Drakes Way. *Wok* —6F **11**
Dray Ct. *Guild* —5D **22**
Drive, The. *G'ming* —5B **34**
Drive, The. *Guild* —4B **22**
(Beech Gro.)
Drive, The. *Guild* —6C **22**
(Farnham Rd.)
Drive, The. *Guild* —1D **28**
(Sandy La.)
Drive, The. *Pep H & Lwr E*
(in two parts) —3E **32**
Drive, The. *Wok* —4D **10**
Drive, The. *Won* —1K **35**
Drodges Clo. *Brmly* —6H **29**
Drove Rd. *Alb* —6J **25**
Drove Rd. *Guild* —6D **24**
Drummond Rd. *Guild* —4F **23**
Dukes Ct. *Wok* —1H **11**
Duke St. *Wok* —1H **11**
Duncan Dri. *Guild* —3J **23**
Duncombe Rd. *G'ming* —5K **33**
Dunfee Way. *W Byf* —3J **7**
Dunlin Rise. *Guild* —2B **24**
Dunmore. *Guild* —3K **21**
Dunnets. *Knap* —1A **10**
Dunsdon Av. *Guild* —5D **22**
Durham Clo. *Guild* —2B **22**
Dykes Path. *Wok* —6A **6**
Dynevor Pl. *Guild* —7J **15**

Eagle Rd. *Guild* —4F **23**
Eashing La. *Milf & Lwr E* —5F **33**
Easington Pl. *Guild* —5H **23**
Eastbrook Clo. *Wok* —7J **5**
Eastbury La. *Comp* —3G **27**
Eastcroft Ct. *Guild* —5J **23**
E. Flexford La. *Wanb* —6F **21**
East Gdns. *Wok* —1A **12**
Eastgate Ct. *Guild* —5G **23**
Eastgate Gdns. *Guild* —5G **23**
East Hill. *Wok* —7A **6**
Eastmead. *Wok* —1D **10**
E. Meads. *Guild* —5B **22**
E. Shalford La. *Guild* —2G **29**
East Way. *Guild* —4B **22**
Eastwood Lodge. *Brmly* —7H **29**
Eastwood Rd. *Brmly* —7H **29**
Eaton Ct. *Guild* —2J **23**
Eaton Ho. *Guild* —6H **23**
(off St Lukes Sq.)
Ebbage Ct. *Wok* —2G **11**
Echo Pit Rd. *Guild* —1G **29**
Ecob Clo. *Guild* —7B **16**
Eden Clo. *New H* —1F **7**
Edencroft. *Brmly* —7H **29**
Eden Gro. Rd. *Byfl* —4J **7**
Edgeborough Ct. *Guild* —5H **23**
Edge Hill. *Guild* —5H **23**
Edgeley Cvn. Pk. *Alb* —6J **31**

Edward II Av.—Gosden Rd.

Edward II Av. *Byfl* —5K **7**
Effingham Ct. *Wok* —3G **11**
(off Constitution Hill)
Egerton Ct. *Guild* —4A **22**
Egerton Rd. *Guild* —4A **22**
Egley Dri. *Wok* —6F **11**
Egley Rd. *Wok* —6F **11**
Elcho Rd. *Pirb* —3C **8**
Elder Clo. *Guild* —1J **23**
Elder Rd. *Bisl* —6G **3**
Eleanor Ct. *Guild* —6F **23**
Elgin Gdns. *Guild* —3J **23**
Elizabeth Ct. *G'ming* —7A **28**
Elizabeth Rd. *G'ming* —7A **28**
Elkins Gdns. *Guild* —1J **23**
Elles Av. *Guild* —4A **24**
Ellingham. *Wok* —3G **11**
Ellis Av. *Onsl* —6B **22**
Ellis Farm Clo. *Wok* —6F **11**
Elmbank Av. *Guild* —5C **22**
Elm Bri. Est. *Wok* —3H **11**
Elmbridge La. *Wok* —3H **11**
Elm Clo. *Rip* —1E **18**
Elm Clo. *Wok* —6F **5**
Elm Ct. *Knap* —1K **9**
Elm Dri. *Chob* —1B **4**
Elm Field Cotts. *Guild* —3G **21**
Elmfield Ho. *Guild* —2A **24**
Elm Gro. *Bisl* —7G **3**
Elmgrove Clo. *Wok* —3K **9**
Elmhurst Ct. *Guild* —5H **23**
Elm Rd. *G'ming* —6B **28**
Elm Rd. *Hors* —6H **5**
Elm Rd. *St J* —2F **11**
Elmside. *Guild* —5C **22**
Elmside. *Milf* —6F **33**
Elmstead Rd. *W Byfl* —4E **6**
Elm Tree Clo. *Byfl* —4J **7**
Elmwood Rd. *Wok* —3K **9**
Elsdon Rd. *Wok* —2C **10**
Elstead Rd. *Shack* —2C **32**
Elveden Clo. *Wok* —1F **13**
Ely Pl. *Guild* —2B **22**
Emmanuel Clo. *Guild* —1C **22**
Emmetts Clo. *Wok* —1F **11**
Englefield Clo. *Knap* —1K **9**
Engliff La. *Wok* —7E **6**
Ennismore Av. *Guild* —4H **23**
Enterprise Est. *Guild* —7G **17**
Envis Way. *Guild* —7J **15**
Epsom Rd. *Guild & E Clan* —5G **23**
Erica Clo. *W End* —4E **2**
Erica Ct. *Wok* —2F **11**
Escombe Dri. *Guild* —6D **16**
Europa Pk. Rd. *Guild* —3E **22**
Eustace Rd. *Guild* —2B **24**
Evelyn Clo. *Wok* —4F **11**
Everest Ct. *Wok* —7A **4**
Everlands Clo. *Wok* —2G **11**
Eve Rd. *Wok* —6K **5**
Exeter Pl. *Guild* —2B **22**
Eyston Dri. *Wey* —1K **7**

Fairborne Way. *Guild* —1C **22**
Fairbourne Clo. *Wok* —2C **10**
Fairfax Rd. *Wok* —4K **11**
Fairfield La. *W End* —3G **3**
Fairfield Rise. *Guild* —3B **22**
Fairford Clo. *W Byfl* —5D **6**
Fairlands Av. *Guild* —6J **15**
Fairlands Ct. *Guild* —7J **15**
Fairlands Rd. *Guild* —6J **15**
Fairlawn Pk. *Wok* —5G **5**
Fairlawns. *Guild* —4A **24**

Fairlawns. *Wdhm* —2D **6**
Fairmead. *Wok* —2E **10**
Fairoaks Airport. *Chob* —1G **5**
Fairoaks Cvn. Pk. *Guild* —6G **15**
Fairview Av. *Wok* —2G **11**
Fairview Clo. *Wok* —2H **11**
Fairwater Dri. *New H* —1H **7**
Fairway. *Guild* —4B **24**
Fairway Clo. *Wok* —3D **10**
Fairway, The. *G'ming* —5B **34**
Fairway, The. *Wey* —2K **7**
Fairway, The. *Worp* —1J **15**
Falcon Clo. *Light* —2A **2**
Falcon Ct. *Wok* —4A **6**
Falcon Rd. *Guild* —5F **23**
Falstone. *Wok* —2D **10**
Faris Barn Dri. *Wdhm* —3D **6**
Faris La. *Wdhm* —2D **6**
Farleigh Ct. *Guild* —4A **22**
Farleigh Rd. *New H* —2E **6**
Farm Clo. *Byfl* —3J **7**
Farm Clo. *Guild* —1F **23**
Farm Clo. *Worp* —6J **15**
Farm Ho. Clo. *Wok* —6B **6**
Farm La. *Send* —1A **18**
Farm Rd. *Wok* —4K **11**
Farm Wlk. *Guild* —6B **22**
Farncombe Hill. *G'ming* —7K **27**
Farncombe St. *G'ming* —7A **28**
Farnham Rd. *Guild* —7K **21**
Farnley. *Wok* —1B **10**
Farriers, The. *Brmly* —2J **35**
Farthings. *Knap* —7A **4**
Felix Dri. *W Cla* —5E **18**
Fellow Grn. *W End* —4F **3**
Fellow Grn. Rd. *W End* —4F **3**
Fennel Ct. *Guild* —1K **23**
Fennscombe Ct. *W End* —4E **2**
Fenns La. *W End* —4E **2**
Fenns Way. *Wok* —6G **5**
Fentum Rd. *Guild* —2C **22**
Fenwick Clo. *Wok* —1D **10**
Ferndale. *Guild* —2A **22**
Ferndale Rd. *Wok* —7H **5**
Ferndown Clo. *Guild* —5J **23**
Ferndown Ct. *Guild* —3E **22**
Ferney Ct. *Byfl* —2H **7**
Ferney Rd. *Byfl* —3H **7**
Fernhill Clo. *Wok* —4E **10**
Fernhill La. *Wok* —4E **10**
Fernhill Pk. *Wok* —4E **10**
Fernihough Clo. *Wey* —1K **7**
Fernley Ho. *G'ming* —6B **28**
Fern Rd. *G'ming* —1B **34**
Ferry La. *Guild* —1E **28**
Field Clo. *Guild* —2B **24**
Field End. *W End* —4F **3**
Fielders Grn. *Guild* —4J **23**
Fieldings, The. *Wok* —7B **4**
Field La. *G'ming* —7B **28**
Field Pl. *G'ming* —7A **28**
Field Way. *Rip* —2D **18**
Filmer Gro. *G'ming* —2A **34**
Finch Clo. *Knap* —1J **9**
Finches Rise. *Guild* —2A **24**
Finch Rd. *Guild* —4F **23**
Findlay Dri. *Guild* —7B **16**
Firbank Dri. *Wok* —3D **10**
Firbank La. *Wok* —3D **10**
Fircroft Ct. *Wok* —2H **11**
Fircroft Ct. *Wok* —2H **11**
Firgrove. *Wok* —3D **10**
Firs Av. *Brmly* —1J **35**
Firs, The. *Bisl* —7G **3**
Firs, The. *Guild* —1D **28**
Firsway. *Guild* —3B **22**

Fir Tree Rd. *Guild* —1E **22**
Firwood Clo. *Wok* —3A **10**
Fisher Rowe Clo. *Brmly* —1J **35**
Fitzjohn Clo. *Guild* —1A **24**
Five Oaks Clo. *Wok* —3K **9**
Flambard Way. *G'ming* —3K **33**
Fleetwood Ct. *W Byfl* —4E **6**
Flexford Rd. *Norm* —5B **20**
Flexlands La. *W End* —1H **3**
Flitwick Grange. *Milf* —6F **33**
Florence Av. *New H* —2E **6**
Florida Rd. *Shalf* —3G **29**
Flower Wlk. *Guild* —7E **22**
Floyd's La. *Wok* —7E **6**
Folly, The. *Light* —3B **2**
Forbench Clo. *Rip* —6F **13**
Ford Rd. *Bisl* —5E **2**
Ford Rd. *Chob* —1J **3**
Ford Rd. *Wok* —4K **11**
Forest Clo. *Wok* —6B **6**
Foresters Clo. *Wok* —2B **10**
Forest Rd. *Wok* —6B **6**
Forge End. *Wok* —1G **11**
Forsythia Pl. *Guild* —2E **22**
Forsyth Path. *Wok* —4B **6**
Forsyth Rd. *Wok* —5A **6**
Fort Rd. *Guild* —7G **23**
Fosse Way. *W Byfl* —4D **6**
Fosters La. *Knap* —1J **9**
Four Acres. *Guild* —2A **24**
Fowlerscroft. *Comp* —4H **27**
Fowlers Mead. *Chob* —1A **4**
Foxborough Hill. *Brmly* —7F **29**
Foxborough Hill Rd. *Brmly* —7F **29**
Foxburrows Av. *Guild* —4B **22**
Foxburrows Ct. *Guild* —3B **22**
Fox Clo. *Wok* —6B **6**
Fox Corner. *Worp* —2H **15**
Fox Covert. *Light* —2A **2**
Fox Dene. *G'ming* —5J **33**
Foxenden Rd. *Guild* —4G **23**
Foxes Path. *Sut G* —3H **17**
Foxglove Gdns. *Guild* —2A **24**
Foxgrove Dri. *Wok* —6J **5**
Foxhanger Gdns. *Wok* —7J **5**
Fox Hills. *Wok* —1E **10**
Foxlake Rd. *Byfl* —3K **7**
Frailey Clo. *Wok* —7K **5**
Frailey Hill. *Wok* —7K **5**
Francis Ct. *Guild* —2D **22**
Franklin Ct. *Guild* —4B **22**
(off Derby Rd.)
Franklyn Rd. *G'ming* —4H **33**
Franks Rd. *Guild* —1C **22**
Frederick Sanger Rd. *Sur R* —5K **21**
Freesia Dri. *Bisl* —7G **3**
French's Wells. *Wok* —1D **10**
Freshborough Ct. *Guild* —5H **23**
Friar's Ga. *Guild* —6C **22**
Friars Rise. *Wok* —2J **11**
Friary Bri. *Guild* —6E **22**
Friary Ct. *Wok* —2B **10**
Friary Pas. *Guild* —6E **22**
Friary St. *Guild* —6F **23**
Friary, The. *Guild* —5E **22**
Frith Hill Rd. *G'ming* —1K **33**
Frobisher Gdns. *Guild* —3J **23**
Frog Gro. La. *Wood S* —2F **21**
Frog La. *Sut G* —2G **17**
Fuchsia Way. *W End* —4E **2**
Fulbrook Av. *New H* —2E **6**
Fullerton Clo. *Byfl* —5K **7**
Fullerton Dri. *Byfl* —5J **7**
Fullerton Rd. *Byfl* —5J **7**

Fullerton Way. *Byfl* —5J **7**
Fullmer Way. *Wdhm* —1D **6**
Furlough, The. *Wok* —1J **11**
Furzehill Cotts. *Pirb* —6C **8**
Furze La. *G'ming* —6B **28**

Gables Clo. *Kingf* —4H **11**
(in two parts)
Gables Ct. *Kingf* —4H **11**
Gale Dri. *Light* —1A **2**
Gales Clo. *Guild* —2B **24**
Gallery Rd. *Pirb* —3D **8**
Galvins Clo. *Guild* —1C **22**
Gambles La. *Rip* —1G **19**
Ganghill. *Guild* —2J **23**
Gardenia Dri. *W End* —4F **3**
Gardens, The. *Pirb* —4F **9**
Gardner Rd. *Guild* —4F **23**
Gate St. *Brmly* —6J **35**
Gateways. *Guild* —5K **23**
Gateway, The. *Guild* —5A **6**
Gatley Dri. *Guild* —1H **23**
Gaveston Clo. *Byfl* —4K **7**
Genesis Bus. Pk. *Wok* —6A **6**
Genyn Rd. *Guild* —5D **22**
Georgelands. *Rip* —5F **13**
George Rd. *G'ming* —7A **28**
George Rd. *Guild* —4F **23**
George Rd. *Milf* —5F **33**
George St. *Pirb* —5A **8**
Germander Dri. *Bisl* —6G **3**
Gibb's Acre. *Pirb* —7F **9**
Giffard Way. *Guild* —1C **22**
Gill Av. *Guild* —5A **22**
Gilliat Dri. *Guild* —2B **24**
Glade, The. *W Byfl* —4C **6**
Glaziers La. *Norm* —2B **20**
Glebe Clo. *Light* —1C **2**
Glebe Cotts. *W Cla* —2F **25**
Glebe Ct. *Guild* —4H **23**
Glebe Gdns. *Byfl* —5J **7**
Glen Ct. *St J* —3C **10**
Glendale Clo. *Wok* —2E **10**
Glendale Dri. *Guild* —7K **17**
Gloster Rd. *Wok* —4J **11**
Gloucester Rd. *Guild* —2B **22**
Gloucester Sq. *Wok* —1G **11**
Gloucester Wlk. *Wok* —1G **11**
Godalming Bus. Cen. *G'ming* —3B **34**
Godley Rd. *Byfl* —5K **7**
Goldfinch Gdns. *Guild* —3B **24**
Goldfort Wlk. *Wok* —7A **4**
Goldings, The. *Wok* —7B **4**
Goldsmiths Clo. *Wok* —2E **10**
Goldsworth Orchard. *Wok* —2C **10**
Goldsworth Pk. Cen., The. *Wok* —1C **10**
Goldsworth Pk. Trad. Est. *Wok* —7D **4**
Goldsworth Rd. *Wok* —2E **10**
Gole Rd. *Pirb* —5C **8**
Golf Clo. *Wok* —5C **6**
Golf Club Rd. *Wok* —4C **10**
Goose La. *Wok* —6D **10**
Goose Rye Rd. *Worp* —3K **15**
Gorse Bank. *Light* —3A **2**
Gorse Ct. *Guild* —2A **24**
Gorselands Clo. *W Byfl* —2G **7**
Gorsewood Rd. *Wok* —3K **9**
Gosden Clo. *Brmly* —6H **29**
Gosden Cotts. *Brmly* —7H **29**
Gosden Hill Rd. *Guild* —7A **18**
Gosden Rd. *W End* —4F **3**

40 A-Z Guildford & Woking

Gould Ct.—Hill View Cres.

Gould Ct. *Guild* —2B **24**
Grafton Clo. *W Byf* —4D **6**
Grandis Cotts. *Rip* —6F **13**
Grange Clo. *G'ming* —2C **34**
Grange Clo. *Guild* —7D **16**
Grange Dri. *Wok* —6G **5**
Grangefields Rd. *Guild* —5F **17**
Grange Pk. *Wok* —6G **5**
Grange Rd. *Guild* —6D **16**
Grange Rd. *New H* —1E **6**
Grange Rd. *Pirb* —6C **8**
Grange Rd. *Wok* —5G **5**
Grange, The. *Chob* —1A **4**
Grantley Av. *Won* —1K **35**
Grantley Clo. *Shalf* —4G **29**
Grantley Gdns. *Guild* —3C **22**
Grantley Rd. *Guild* —3C **22**
Granville Clo. *Byfl* —4K **7**
Granville Rd. *Wok* —4H **11**
Grasmere Clo. *Guild* —3K **23**
Grasmere Rd. *Light* —1B **2**
Grasmere Way. *Byfl* —3K **7**
Gravetts La. *Guild* —7A **16**
Graylands. *Wok* —7G **5**
Graylands Clo. *Wok* —7G **5**
Graylands Ct. *Guild* —5H **23**
Grays Rd. *G'ming* —7B **28**
Greatford Dri. *Guild* —4B **24**
Gt. George St. *G'ming* —3A **34**
Gt. Godwin Dri. *Guild* —2K **23**
Gt. Oaks Pk. *Guild* —7A **18**
Gt. Quarry. *Guild* —7F **23**
Green Acre. *Knap* —7A **4**
Greencroft. *Guild* —4K **23**
Green Dri. *Rip* —7D **12**
Greenham Wlk. *Wok* —2E **10**
Greenheys Pl. *Wok* —2H **11**
Greenhill Clo. *G'ming* —4K **33**
Greenhill Gdns. *Guild* —2A **24**
Green La. *Byfl* —3K **7**
Green La. *Chob* —1B **4**
Green La. *G'ming* —5A **28**
Green La. *Guild* —4K **23**
Green La. *Milf* —7E **32**
Green La. *Sham G* —7E **30**
Green La. *W Cla* —4E **18**
Green La. *Wok* —5D **10**
Green La. *Wood S* —2G **21**
Green La. Clo. *Byfl* —3K **7**
Green La. E. *Guild* —5A **20**
Greenmeads. *Wok* —6G **11**
Greenside Clo. *Guild* —2A **24**
Greenside Cotts. *Rip* —5G **13**
Green, The. *Rip* —5G **13**
Greenvale Rd. *Knap* —2K **9**
Greenway Clo. *W Byf* —4E **6**
Greenwood Clo. *Wdhm* —2D **6**
Greenwood Rd. *Pirb* —5B **8**
Greenwood Rd. *Wok* —4A **10**
Greenwood, The. *Guild* —4J **23**
Grenville Rd. *Shack* —7D **26**
Greville Clo. *Guild* —4A **22**
Greyfriars Dri. *Bisl* —6G **3**
Greyfriars Rd. *Rip* —1E **18**
Greythorne Rd. *Wok* —2C **10**
Greywaters. *Brmly* —1J **35**
Grindstone Cres. *Knap* —2H **9**
Grobars Av. *Wok* —6E **4**
Groom Wlk. *Guild* —1G **23**
Grosvenor Ct. *Guild* —1K **23**
Grosvenor Ho. *Guild* —6H **23**
Grosvenor Rd. Guild —1H 11
(off Burleigh Gdns.)
Grosvenor Rd. *Chob* —4K **3**
Grosvenor Rd. *G'ming* —4A **34**
Grove Heath Ct. *Rip* —1G **19**

Grove Heath N. *Rip* —6F **13**
Grove Heath Rd. *Rip* —7F **13**
Grove Rd. *G'ming* —4J **33**
Grove Rd. *Guild* —4A **24**
Grove Rd. *Wok* —7H **5**
Grovers Farm Cotts. Wdhm
—2C **6**
Grove, The. *Wok* —7H **5**
Guernsey Clo. *Guild* —6J **17**
Guernsey Farm Dri. *Wok* —6F **5**
Guildcroft. *Guild* —4J **23**
Guildford and Godalming
By-Pass Rd. *Milf & Guild*
—6E **32**
Guildford Bus. Pk. *Guild* —3D **22**
Guildford Ct. *Guild* —4C **22**
Guildford Ind. Est. *Guild* —4C **22**
Guildford La. *Guild* —7C **24**
Guildford La. *Wok* —3G **11**
Guildford Pk. Av. *Guild* —5D **22**
Guildford Pk. Rd. *Guild* —5D **22**
Guildford Rd. *Cher* —2K **5**
Guildford Rd. *Chob* —4K **3**
Guildford Rd. *G'ming* —7C **28**
Guildford Rd. *Guild* —2A **20**
Guildford Rd. *Light* —1A **2**
(in two parts)
Guildford Rd. *Mayf* —6F **11**
Guildford Rd. *Pirb* —7F **9**
Guildford Rd. *W End* —3E **2**
Guildford Rd. *Wok* —3G **11**
Guildown Av. *Guild* —7D **22**
Guildown Rd. *Guild* —7D **22**
Guileshill La. *Ock* —7J **13**
Guinness Ct. *Wok* —2B **10**
Gull's Rd. *Guild* —4B **20**
Gumbrells Clo. *Guild* —7J **15**
Gwynne Vaughan Av. Guild
—7D **16**

Hacketts La. *Wok* —5D **6**
Halebourne La. *W End* —1E **3**
Half Moon Cotts. *Rip* —5G **13**
Halfpenny Clo. *Chil* —3B **30**
Halfpenny La. *Guild* —7A **24**
Halfway La. *G'ming* —3G **33**
Hallam Rd. *G'ming* —1B **34**
Hall Clo. *G'ming* —7A **28**
Hall Dene Clo. *Guild* —3A **24**
Halley's App. *Wok* —2C **10**
Halley's Ct. *Wok* —2C **10**
Hallington Clo. *Wok* —1D **10**
Hall Pl. *Wok* —1H **7**
Hall Rd. *Brmly* —1H **35**
Halls Farm Clo. *Knap* —1K **9**
Hamble Clo. *Wok* —1C **10**
Hambledon Rd. *Busb* —5B **34**
Hamble Wlk. *Wok* —2C **10**
Hamilton Av. *Wok* —6C **6**
Hamilton Clo. *Guild* —6C **16**
Hamilton Dri. *Guild* —6C **16**
Hamilton Gordon Ct. Guild
—3E **22**
Hamilton Pl. *Guild* —6C **16**
Hammond Clo. *Wok* —6E **4**
Hammond Rd. *Wok* —6E **4**
Hammond Way. *Light* —1B **2**
Hanbury Path. *Wok* —5B **6**
Hanover Ct. *Guild* —2F **23**
Hanover Ct. *Wok* —3F **11**
Hanson Clo. *Guild* —1H **23**
Harcourt Cotts. *Guild* —2C **26**
Harehill Clo. *Wok* —6E **6**
Harelands Clo. *Wok* —1E **10**
Harelands La. *Wok* —1E **10**

Hare La. *G'ming* —1B **34**
Hareward Rd. *Guild* —2A **24**
Harms Gro. *Guild* —1A **24**
Harrison Gdns. *G'ming* —3A **34**
Harrow La. *G'ming* —7A **28**
Hartland Rd. *New H* —1G **7**
Hart Rd. *Byfl* —4J **7**
Harts Gdns. *Guild* —1D **22**
Hartshill. *Guild* —3K **21**
Hartshill Wlk. *Wok* —7D **4**
Harts Yd. *G'ming* —3A **34**
Harvest Hill. *G'ming* —3K **33**
Harvey Rd. *Guild* —6G **23**
Hascombe Rd. *G'ming* —6C **34**
Haslemere Rd. *Brook* —7E **32**
Hatfield Clo. *W Byf* —3F **7**
Hawkswell Clo. *Wok* —1B **10**
Hawkswell Wlk. *Wok* —1B **10**
Hawthorn Clo. *Wok* —4G **11**
Hawthorne Way. *Guild* —7K **17**
Hawthorn Rd. *G'ming* —5H **33**
Hawthorn Rd. *Rip* —1E **18**
Hawthorn Rd. *Wok* —4F **11**
Hawthorn Way. *Bisl* —7G **3**
Hawthorn Way. *New H* —1G **7**
Hayden Ct. *New H* —2F **7**
Haydon Pl. *Guild* —5F **23**
Hayes Barton. *Wok* —7B **6**
Haynes Clo. *Rip* —6F **13**
Hazel Av. *Guild* —7E **16**
Hazel Ct. *Guild* —7F **17**
Hazel Dri. *Rip* —2D **18**
Hazelhurst Clo. *Guild* —6K **17**
Hazel Rd. *W Byf* —5E **6**
Hazelwood Cotts. G'ming
—3K **33**
Hazelwood Rd. *Knap* —2A **10**
Heathdown Rd. *Wok* —6B **6**
Heath Dri. *Brkwd* —4G **9**
Heath Dri. *Send* —6K **11**
Heather Clo. *Guild* —3D **22**
Heather Clo. *New H* —1E **7**
Heather Clo. *Wok* —6E **4**
Heatherfields. *New H* —1F **7**
Heathervale Cvn. Pk. New H
—1G **7**
Heathervale Rd. *New H* —1F **7**
Heather Wlk. *Brkwd* —5D **8**
Heathfield Clo. *G'ming* —5A **34**
Heathfield Clo. *Wok* —2J **11**
Heathfield Rd. *Wok* —2J **11**
Heath Ho. Rd. *Wok* —6K **9**
Heathlands Clo. *Wok* —5G **5**
Heath La. *Ash* —4J **31**
Heath La. *G'ming* —5C **34**
Heath Mill La. *Worp* —2H **15**
Heath Rise. *Rip* —7F **13**
Heath Rd. *Wok* —6H **5**
Heathside Cres. *Wok* —1H **11**
Heathside Gdns. *Wok* —1J **11**
Heathside Pk. Rd. *Wok* —2H **11**
Heathside Rd. *Wok* —2H **11**
Heath, The. *Putt* —2D **26**
Hedgecroft Cotts. *Rip* —5F **13**
Hedgerley Ct. *Wok* —1E **10**
Hedger's Almshouses. Guild
(off Wykeham Rd.) —3B **24**
Hedgeway. *Guild* —6C **22**
Heights, The. *Wey* —1K **7**
Helford Wlk. *Wok* —2C **10**
Helmsdale. *Wok* —2D **10**
Hemsley Ct. *Guild* —1C **22**
Henchley Dene. *Guild* —1B **24**
Henderson Av. *Guild* —7D **16**
Henley Bank. *Guild* —6C **22**
Henley Ct. *Wok* —4K **11**

Henley Fort Bungalows. Guild
—7C **22**
Henslow Way. *Wok* —5B **6**
Herbert Cres. *Knap* —2A **10**
Hereford Clo. *Guild* —2B **22**
Hereford Copse. *Wok* —3D **10**
Hermitage Bri. Cotts. *Knap* —3K **9**
Hermitage Rd. *Wok* —4K **9**
Hermitage Woods Cres. Wok
—4K **9**
Hermitage Woods Est. Knap
—3A **10**
Heron Clo. *Guild* —1D **22**
Herons Ct. *Light* —2C **2**
Herons Way. *Brkwd* —5D **8**
Heron Wlk. *Wok* —5A **6**
Heythorpe Clo. *Knap* —1B **10**
Heywood Ct. *G'ming* —7J **27**
Hidcote Clo. *Wok* —7K **5**
Highclere. *Guild* —1J **23**
Highclere Ct. *Knap* —1J **9**
Highclere Gdns. *Knap* —1J **9**
Highclere Rd. *Knap* —1J **9**
Highcotts La. *Send* —2D **18**
(in two parts)
Highcroft. *Milf* —7E **32**
Highfield. *Shalf* —5H **29**
Highfield Clo. *W Byf* —4E **6**
Highfield La. *Putt* —3A **26**
Highfield Rd. *W Byf* —4E **6**
High Gdns. *Wok* —3D **10**
Highgrove Ho. *Guild* —2A **24**
Highlands La. *Wok* —5G **11**
High Path Rd. *Guild* —4A **24**
High Pewley. *Guild* —6G **23**
High Ridge. *G'ming* —5K **33**
High Rd. *Byfl* —3H **7**
High St. Bramley, *Brmly* —1H **35**
High St. Chobham, *Chob* —2A **4**
High St. Godalming, G'ming
—3K **33**
High St. Guildford, *Guild* —6E **22**
(in four parts)
High St. Horsell, *Hors* —6D **4**
High St. Knaphill, *Knap* —1J **9**
High St. Old Woking, Old Wok
—5J **11**
High St. Ripley, *Rip* —5G **13**
High St. West End, *W End* —3F **3**
High St. Woking, *Wok* —1H **11**
High View. G'ming —3A 34
(off Flambard Way)
Highview. *Knap* —1A **10**
High View Rd. *Guild* —7K **21**
Hilgay. *Guild* —4H **23**
Hilgay Clo. *Guild* —4H **23**
Hillbrow Clo. *Wood S* —3H **21**
Hill Clo. *Won* —1K **35**
Hill Clo. *Wok* —7F **5**
Hill Ct. *G'ming* —7A **28**
Hillcrest Ho. *Guild* —2A **24**
Hillcrest Rd. *Guild* —3B **22**
Hillfield Clo. *Guild* —2A **24**
Hillier Ho. *Guild* —6D **22**
Hillier Rd. *Guild* —4J **23**
Hillmount. Wok —2G 11
(off Constitution Hill)
Hillside. *Wok* —4F **11**
Hillside Clo. *Knap* —1K **9**
Hillside Ct. *Guild* —6G **23**
Hillside Way. *G'ming* —7K **27**
Hillspur Clo. *Guild* —3B **22**
Hillspur Rd. *Guild* —3B **22**
Hilltop Clo. *Guild* —7B **16**
Hillview. *Wok* —2H **11**
Hill View Cres. *Guild* —2B **22**

Hill View Rd.—Linden Rd.

Hill View Rd. *Wok* —2H **11**
Hipley Ct. *Guild* —5J **23**
Hipley St. *Wok* —4K **11**
Hitherbury Clo. *Guild* —7E **22**
Hobbs Clo. *W Byf* —4F **7**
Hockering Est. *Wok* —2K **11**
Hockering Gdns. *Wok* —2J **11**
Hockering Rd. *Wok* —2J **11**
Hockford Dri. *Pirb* —3H **15**
Hodgson Gdns. *Guild* —1J **23**
Hog's Back. *Comp & Guild*
—1D **26**
Hog's Back. *Putt* —1A **26**
Holbreck Pl. *Wok* —2H **11**
Holford Rd. *Guild* —4A **24**
Hollands, The. *Wok* —2G **11**
Hollies Av. *W Byf* —4D **6**
Holloway Hill. *G'ming* —3K **33**
Hollow Clo. *Guild* —5D **22**
Hollow, The. *G'ming* —3F **33**
Holly Av. *New H* —1E **6**
Hollybank. *W End* —4F **3**
Holly Bank Rd. *W Byf* —5E **6**
Holly Bank Rd. *Wok* —5D **10**
Hollybush La. *Rip* —3H **13**
Holly Clo. *Wok* —3D **10**
Hollyhock Dri. *Bisl* —6G **3**
Holly La. *G'ming* —3J **33**
Holly La. *Worp* —6J **15**
Holly Lea. *Guild* —5F **17**
Holm Clo. *Wdhm* —3C **6**
Holm Ct. *G'ming* —7K **27**
Holmesdale Clo. *Guild* —3K **23**
Holyoake Av. *Wok* —1E **10**
Holyoake Cres. *Wok* —1E **10**
Homebeech Ho. *Wok* —2G **11**
(off Mt. Hermon Rd.)
Home Farm Cotts. *Pep H* —2C **32**
Home Farm Rd. *G'ming* —5A **34**
Homefield Clo. *Wdhm* —3C **6**
Home Pk. Clo. *Brmly* —1H **35**
Homestall. *Guild* —4K **21**
Homestead & Middle View Mobile
Home Pk. *Norm* —1E **20**
Home Vs. *Alb* —6G **31**
Homeworth Ho. *Wok* —2G **11**
(off Mt. Hermon Rd.)
Honeypots Rd. *Wok* —6F **11**
Hook Heath Av. *Wok* —3D **10**
Hook Heath Gdns. *Wok* —5B **10**
Hook Heath Rd. *Wok* —5B **10**
Hook Hill La. *Wok* —5D **10**
Hook Hill Pk. *Wok* —5D **10**
Hook La. *Bisl* —4C **2**
Hook Mill La. *Light* —1D **2**
Hookstone La. *W End* —2F **3**
Hopfield. *Hors* —7G **5**
Hopfield Av. *Byfl* —3J **7**
Hopton Ct. *Guild* —4A **22**
(off Chapelhouse Clo.)
Hopton Ct. *Guild* —4A **22**
(off Park Barn Dri.)
Hornbeam Rd. *Guild* —1E **22**
Hornhatch. *Chil* —3K **29**
Hornhatch Clo. *Chil* —3K **29**
(in two parts)
Hornhatch La. *Guild* —3J **29**
Horsell Birch. *Wok* —6D **4**
Horsell Comn. Rd. *Wok* —5E **4**
Horsell Moor. *Wok* —1F **11**
Horsell Pk. *Wok* —1G **11**
Horsell Pk. Clo. *Wok* —7F **5**
Horsell Rise. *Wok* —6F **5**
Horsell Rise Clo. *Wok* —6F **5**
Horsell Vale. *Wok* —7G **5**
Horsell Way. *Wok* —7E **4**

Horseshoe La. E. *Guild* —3K **23**
Horseshoe La. W. *Guild* —3K **23**
Horseshoe, The. *G'ming* —4J **33**
Horsham Rd. *Shalf & Brmly*
—5G **29**
Howard Gdns. *Guild* —3J **23**
Howard Ridge. *Guild* —7J **17**
Howards Clo. *Wok* —4J **11**
Howards Rd. *Wok* —4H **11**
Hudson Ct. *Guild* —4B **22**
Humbolt Clo. *Guild* —4B **22**
Hungry Hill La. *Send* —3G **19**
Hunter Rd. *Guild* —5G **23**
Huntingdon Rd. *Wok* —1B **10**
Hunts Clo. *Guild* —3K **21**
Hunts Hill Rd. *Guild* —7A **14**
Hurley Gdns. *Guild* —1J **23**
Hurlford. *Wok* —1C **10**
Hurst Clo. *Wok* —4E **10**
Hurst Croft. *Guild* —7G **23**
Hurst Farm Clo. *Milf* —5F **33**
Hurst Hill Cotts. *Brmly* —2J **35**
Hurstway. *Pyr* —5C **6**
Hurtmore Chase. *Hurt* —7H **27**
Hurtmore Rd. *Hurt* —7F **27**
Huxley Clo. *G'ming* —7K **27**
Huxley Rd. *Sur R* —4K **21**

Ilex Ho. *Wdhm* —1E **6**
Inglehurst. *New H* —1F **7**
Inglewood. *Wok* —2D **10**
Inkerman Rd. *Knap* —2A **10**
Inkerman Way. *Wok* —2A **10**
Iris Dri. *Bisl* —6G **3**
Iris Rd. *Bisl* —6G **3**
Iron La. *Brmly* —2F **35**
Irwin Rd. *Guild* —6C **22**
Iveagh Rd. *Guild* —5D **22**
Iveagh Rd. *Knap* —2B **10**
Ivor Clo. *Guild* —5H **23**
Ivydene. *Knap* —2H **9**
Ivy Dri. *Light* —3A **2**
Ivy La. *Wok* —2K **11**

Jackmans La. *Wok* —3C **10**
Jacob's Well Rd. *Guild* —6F **17**
James Rd. *Peas* —5E **28**
Janoway Hill La. *Wok* —2E **10**
Japonica Clo. *Wok* —2E **10**
Jasmine Clo. *Wok* —7B **4**
Jasons Dri. *Guild* —1A **24**
Jefferson Rd. *Pirb* —4C **8**
Jeffries Pas. *Guild* —5F **23**
Jenner Dri. *W End* —4G **3**
Jenner Rd. *Guild* —5G **23**
Jersey Clo. *Guild* —6K **17**
John Russell Clo. *Guild* —1C **22**
Johnston Grn. *Guild* —7C **16**
Johnston Wlk. *Guild* —7C **16**
Jolive Ct. *Guild* —5J **23**
Jordans Clo. *Guild* —3J **23**
Joseph's Rd. *Guild* —3F **23**
Julian Clo. *Wok* —2E **10**
Junction Rd. *Light* —1B **2**
Junewood Clo. *Wdhm* —2D **6**
Juniper Clo. *Guild* —6D **16**
Juniper Dri. *Bisl* —6G **3**
Juniper Pl. *Shalf* —4F **29**

Kalima Cvn. Site. *Chob* —1D **4**
Kaye Ct. *Guild* —1E **22**
Kaye Don Way. *Wey* —1K **7**
Keens La. *Guild* —7B **16**

Keens Pk. Rd. *Guild* —7B **16**
Keeper's Clo. *Guild* —1B **24**
Kemishford. *Wok* —7C **10**
Kenton Way. *Wok* —1B **10**
Kent Rd. *Wok* —7K **5**
Kenworth Gro. *Light* —1A **2**
Kerria Way. *W End* —4E **2**
Kerry Ter. *Wok* —7K **5**
Kersland Cotts. *G'ming* —7F **27**
Keston Av. *New H* —2E **6**
Kestrel Clo. *Guild* —2B **24**
Keswick Dri. *Light* —2B **2**
Kettlewell Clo. *Wok* —5F **5**
Kettlewell Dri. *Wok* —5G **5**
Kettlewell Hill. *Wok* —5G **5**
Kevan Dri. *Send* —2C **18**
Kiln La. *Knap* —1H **9**
Kiln La. *Rip* —1E **18**
Kiln Meadows. *Guild* —7J **15**
Kilrush Ter. *Wok* —7J **5**
Kimber Ct. *Guild* —2B **24**
Kingcup Dri. *Bisl* —6G **3**
Kingfield Clo. *Wok* —4H **11**
Kingfield Dri. *Wok* —4H **11**
Kingfield Gdns. *Wok* —4H **11**
Kingfield Rd. *Wok* —4H **11**
Kingfisher Ct. *Wok* —5A **6**
Kingfisher Dri. *Guild* —2A **24**
King George's Dri. *New H* —1E **6**
Kinglake Ct. *Wok* —2A **10**
Kingpost Pde. *Guild* —1K **23**
Kings Av. *Byfl* —3H **7**
King's Av. *Pirb* —3D **8**
Kings Ct. *Byfl* —2H **7**
Kingsfield. *Alb* —7J **31**
Kings Head La. *Byfl* —2H **7**
Kingsmead. *Wok* —7J **5**
King's Rd. *G'ming* —1B **34**
King's Rd. *Guild* —4F **23**
Kings Rd. *New H* —1F **7**
Kings Rd. *Shalf* —4G **29**
King's Rd. *W End* —5G **3**
Kings Rd. *Wok* —7J **5**
Kingston La. *W Hor* —4K **19**
Kingston Rise. *New H* —1E **6**
Kingsway. *Wok* —2F **11**
Kingsway Av. *Wok* —2F **11**
Kingsway Bus. Pk. *Wok* —5A **6**
Kingswood Clo. *Guild* —3A **24**
Kingswood Ct. *Hors* —7G **5**
Kirby Rd. *Wok* —1E **10**
Kirkefields. *Guild* —1C **22**
Kirkland Av. *Guild* —7A **4**
Knightsbridge Ho. *Guild* —5H **23**
(off St Lukes Sq.)
Knightswood. *Wok* —2B **10**
Knoll Quarry. *G'ming* —1A **34**
Knoll Rd. *G'ming* —1K **33**
Knoll Wood. *G'ming* —1K **33**
Knowle Gdns. *W Byf* —4D **6**
Knowl Hill. *Wok* —3K **11**
Knox Rd. *Guild* —6D **16**

Laburnum Clo. *Guild* —1E **22**
Laburnum Rd. *Wok* —4F **11**
Ladycross. *Milf* —7E **32**
Ladygrove Dri. *Guild* —6J **17**
Ladymead. *Guild* —3E **22**
Ladymead Retail Pk. *Guild*
—3E **22**
Lake Clo. *Byfl* —3H **7**
Lakes Clo. *Chil* —3K **29**
Lakeside. *Wok* —3A **10**
Lakeside Clo. *Wok* —3A **10**
Laleham Ct. *Wok* —7G **5**

Lambourne Cres. *Wok* —4B **6**
Lammas Clo. *G'ming* —1C **34**
Lammas Rd. *G'ming* —2C **34**
Lampeter Clo. *Wok* —2G **11**
Lancaster Clo. *Wok* —7J **5**
Lane End Dri. *Knap* —1J **9**
Langdale Clo. *Wok* —7E **4**
Langham Clo. *G'ming* —2B **34**
Langham Pk. *G'ming* —2B **34**
Langley Clo. *Guild* —3E **22**
Langley Wlk. *Wok* —3G **11**
Langmans La. *Wok* —2D **10**
Langmans Way. *Wok* —7A **4**
Langshott Clo. *Wdhm* —2C **6**
Langton Clo. *Wok* —1B **10**
Lansdown. *Guild* —4J **23**
Lansdown Rd. *Wok* —3B **10**
Lapwing Gro. *Guild* —2B **24**
Larch Av. *Guild* —2E **22**
Larches, The. *Wok* —7G **5**
Larchwood Rd. *Wok* —4K **9**
Larks Way. *Knap* —7J **3**
Lascombe La. *Putt* —2A **26**
Latimer Clo. *Wok* —7K **5**
Latimer Rd. *G'ming* —3A **34**
Laundry Rd. *Guild* —5E **22**
Laurel Bank. *Chob* —2A **4**
(off Bagshot Rd.)
Laurel Cres. *Wok* —4A **6**
Laureldene. *Norm* —4B **20**
Laurel Gdns. *New H* —1F **7**
Lauriston Clo. *Knap* —1K **9**
Laustan Clo. *Guild* —4A **24**
Lavender Pk. Rd. *W Byf* —3E **6**
Lavender Rd. *Wok* —7K **5**
Lawford's Hill Clo. *Worp* —1J **15**
Lawford's Hill Rd. *Worp* —1J **15**
Lawn Rd. *Guild* —7E **22**
Lawnsmead Cotts. *Won* —7K **29**
Lawns, The. *Milf* —6F **33**
Lawnwood Cotts. *G'ming* —2C **34**
(off Catteshall La.)
Lawrence Clo. *Guild* —6K **17**
Leafield Clo. *Wok* —2D **10**
Leapale La. *Guild* —5F **23**
Leapale Rd. *Guild* —5F **23**
Lea's Rd. *Guild* —5E **22**
Ledger Clo. *Guild* —2K **23**
Leegate Rd. *Wok* —7D **4**
Leisure La. *W Byf* —3F **7**
Leslie Rd. *Chob* —1A **4**
Levylsdene. *Guild* —4B **24**
Levylsdene Ct. *Guild* —4B **24**
Leybourne Av. *Byfl* —4K **7**
Leybourne Clo. *Byfl* —4K **7**
Liddington Hall Dri. *Guild* —1A **22**
Liddington New Rd. *Guild*
—1A **22**
Lidstone Clo. *Wok* —1D **10**
Lightwater By-Pass. *Light* —1A **2**
Lightwater Meadow. *Light* —2B **2**
Lightwater Rd. *Light* —2B **2**
Lilac Av. *Wok* —4F **11**
Lilac Clo. *Guild* —7E **16**
Lime Clo. *W Cla* —5F **19**
Limecroft Rd. *Knap* —1K **9**
Lime Gro. *Guild* —7D **16**
Lime Gro. *W Cla* —5E **18**
Lime Gro. *Wok* —5G **11**
Limes, The. *Wok* —6F **5**
Lime Wlk. *Shere* —2K **31**
Limewood Clo. *Wok* —4K **9**
Lincoln Dri. *Wok* —6C **6**
Lincoln Rd. *Guild* —2B **22**
Linden Clo. *New H* —2E **6**
Linden Rd. *Guild* —4F **23**

42 A-Z Guildford & Woking

Linden Way—Moor La.

Linden Way. *Rip* —2D **18**
Linden Way. *Wok* —5H **11**
Lindfield Gdns. *Guild* —3H **23**
Lindsay Rd. *New H* —1E **6**
Linersh Dri. *Brmly* —1J **35**
Linersh Wood. *Brmly* —1J **35**
Linersh Wood Clo. *Brmly* —2J **35**
Ling Dri. *Light* —3A **2**
Link Av. *Wok* —6B **6**
Links Rd. *Brmly* —7G **29**
Linkway. *Guild* —3B **22**
Linkway. *Wok* —1A **12**
Linnet Gro. *Guild* —2B **24**
Lion Retail Pk. *Wok* —7K **5**
Lipcombe Cotts. *Alb* —6G **31**
Litchfield Way. *Guild* —6B **22**
Littlefield Clo. *Guild* —7K **15**
Littlefield Way. *Guild* —7K **15**
Littleford La. *B'hth & Sham G*
—5C **30**
Lit. Hide. *Guild* —2K **23**
Lit. Kiln. *G'ming* —6A **28**
Lit. London. *Alb* —4J **31**
Lit. Mead. *Wok* —7B **4**
Lit. Moreton Clo. *W Byf* —3F **7**
Lit. Orchard. *Wok* —5J **5**
Lit. Orchard. *Wdhm* —2E **6**
Lit. Orchard Way. *Shalf* —5G **29**
Lit. Platt. *Guild* —3K **21**
Little St. *Guild* —7D **16**
Lit. Thatch. *G'ming* —1B **34**
Littleton La. *Guild* —2C **28**
Lit. Tumners Ct. *G'ming* —1A **34**
Lit. Warren Clo. *Guild* —6K **23**
Littlewick Rd. *Knap* —7A **4**
Llanaway Clo. *G'ming* —1B **34**
Llanaway Rd. *G'ming* —1B **34**
Lobelia Rd. *Bisl* —6G **3**
Lock Clo. *Wdhm* —4C **6**
Locke Way. *Wok* —1H **11**
Lockfield Dri. *Knap* —7A **4**
Lockfield Dri. *Wok* —1G **11**
Lockhurst Hatch La. *Alb* —7J **31**
Lock La. *Wok* —7F **5**
Lock Rd. *Guild* —1F **23**
Locksley Dri. *Wok* —1B **10**
Lockswood. *Brkwd* —4H **9**
Lockwood Path. *Wok* —4C **6**
Loder Clo. *Wok* —4B **6**
Lombard St. *Shack* —1A **32**
Lombardy Clo. *Wok* —1H **11**
Loncin Mead Av. *New H* —1G **7**
London Rd. *Guild & Send*
—5G **23**
Longbourne Grn. *G'ming* —6A **28**
Longdown Rd. *Guild* —7K **23**
Long Dyke. *Guild* —2K **23**
Long Gore. *G'ming* —5A **28**
Long Houses. *Pirb* —1D **14**
Longmead. *Guild* —4A **24**
Longridge Gro. *Wok* —5D **6**
Longs Clo. *Wok* —7E **6**
Long Wlk. *Guild* —7J **19**
Long Wlk. *Send* —6K **19**
Long Wlk. *W Byf* —5G **7**
Loop Rd. *Wok* —4H **11**
Loseley Rd. *G'ming* —6A **28**
Lothian Rd. *Pirb* —5A **8**
Louis Fields. *Guild* —7J **15**
Lovelace Dri. *Wok* —7C **6**
Lovelands La. *Chob* —4J **3**
Lovells Clo. *Light* —1B **2**
Lwr. Eashing. *G'ming* —3F **33**
Lwr. Edgeborough Rd. *Guild*
—5H **23**
Lwr. Guildford Rd. *Knap* —1K **9**

Lwr. Manor Rd. *G'ming* —1A **34**
Lwr. Manor Rd. *Milf* —6E **32**
Lwr. Moushill La. *Milf* —6D **32**
Lwr. Pyrford Rd. *Wok* —7F **7**
Lwr. Sandfields. *Send* —1B **18**
Lwr. South St. *Shere* —3K **33**
Lower St. *Shere* —2K **31**
Lowfield Clo. *Light* —2A **2**
Lowthorpe. *St J* —5J **9**
Lucas Grn. Rd. *W End* —6D **2**
Lucerne Clo. *Wok* —3G **11**
Ludlow Rd. *Guild* —5D **22**
Lych Way. *Wok* —7F **5**
Lydele Clo. *Wok* —6H **5**
Lyndale Clo. *W Byf* —4E **6**
Lyndhurst Clo. *Wok* —6F **5**
Lynwood. *Guild* —5D **22**
Lynwood Clo. *Wok* —4B **6**
Lyons Dri. *Guild* —6C **16**
Lytton Rd. *Wok* —7K **5**

Mabel St. *Wok* —1F **11**
McAlmont Ridge. *G'ming* —7K **27**
Macdonald Rd. *Light* —3A **2**
Madeira Clo. *W Byf* —4D **6**
Madeira Rd. *W Byf* —4D **6**
Madrid Rd. *Guild* —5D **22**
Magdalen Clo. *Byfl* —5J **7**
Magdalen Cres. *Byfl* —5J **7**
Magnolia Pl. *Guild* —1E **22**
Mahonia Clo. *W End* —4F **3**
Mainstone Cres. *Brkwd* —5D **8**
Mainstone Rd. *Bisl* —7F **3**
Maitland Clo. *W Byf* —4E **6**
Malacca Farm. *W Cla* —5F **19**
Mallards Way. *Light* —2A **2**
Mallow Cres. *Guild* —1K **23**
Malthouse Ct. *W End* —3F **3**
Malthouse La. *Pirb & Worp*
—7H **9**
Malthouse La. *W End* —4F **3**
Maltings, The. *Byfl* —4K **7**
Mandeville Rd. *Guild* —1C **22**
Mangles Ct. *Guild* —5E **22**
Mangles Rd. *Guild* —2F **23**
Manor Clo. *Wok* —1D **12**
Manor Cres. *Brkwd* —4E **8**
Manor Cres. *Byfl* —4K **7**
Manor Cres. *Guild* —2D **22**
Manor Dri. *New H* —1E **6**
Manor Farm. *Wanb* —7C **20**
Manor Farm Cotts. *Guild* —7C **20**
Manor Farm Est. *Byfl* —5K **7**
Manor Fields. *Milf* —5E **32**
Manor Gdns. *Chil* —3A **30**
Manor Gdns. *G'ming* —7A **28**
Manor Gdns. *Guild* —2D **22**
Manor Lea Clo. *Milf* —5E **32**
Manor Lea Rd. *Milf* —5E **32**
Manor Lodge. *Guild* —2D **22**
Manor Rd. *Guild* —2D **22**
Manor Rd. *Rip* —7D **12**
Manor Rd. *Wok* —7E **4**
Manor, The. *Milf* —7F **33**
Manor Way. *Guild* —7A **22**
Manor Way. *Wok* —5K **11**
Mansel Clo. *Guild* —6B **16**
Manston Rd. *Guild* —7J **17**
Maori Rd. *Guild* —4H **23**
Maple Ct. *Hors* —7E **4**
Maple Dri. *Light* —2A **2**
Maple Gro. *Guild* —2F **23**
Maple Rd. *Wok* —5G **11**
Maplehatch Clo. *G'ming* —5A **34**

Maple Rd. *Rip* —1E **18**
Mareschal Rd. *Guild* —6E **22**
Maresfield Ho. *Guild* —3B **24**
(off Merrow St.)
Margaret Rd. *Guild* —5E **22**
Marigold Ct. *Guild* —1G **23**
Marigold Dri. *Bisl* —6G **3**
Marjoram Clo. *Guild* —7C **16**
Markenfield Rd. *Guild* —4F **23**
Markenhorn. *G'ming* —7K **27**
Market Sq. *Wok* —1G **11**
Market St. *Guild* —5F **23**
Mark Way. *G'ming* —6H **27**
Marlborough Rd. *Wok* —7J **5**
Marlyns Clo. *Guild* —1J **23**
Marlyns Dri. *Guild* —1J **23**
Marshall Rd. *G'ming* —2A **34**
Marshwood Rd. *Light* —2D **2**
Marston Rd. *Wok* —1D **10**
Martindale Clo. *Guild* —2B **24**
Martindale Rd. *Wok* —2C **10**
Martin Rd. *Guild* —2C **22**
Martins Clo. *Guild* —3A **24**
Martinsyde. *Wok* —1A **12**
Martin Way. *Wok* —2C **10**
Martyr Rd. *Guild* —5F **23**
Martyr's La. *Wok* —3K **5**
Mary Rd. *Guild* —5E **22**
Mary Vale. *G'ming* —5K **33**
Mathon Ct. *Guild* —4H **23**
Maxwell Dri. *W Byf* —2G **7**
Maybourne Rise. *Wok* —1F **17**
Maybury Est. *Wok* —7A **6**
Maybury Hill. *Wok* —7K **5**
Maybury Rd. *Wok* —1H **11**
May Clo. *G'ming* —5H **33**
Mayfield Av. *New H* —1F **7**
Mayfield Clo. *New H* —1G **7**
Mayford Clo. *Wok* —6F **11**
Mayhurst Av. *Wok* —7A **6**
Mayhurst Clo. *Wok* —7A **6**
Mayhurst Cres. *Wok* —7A **6**
Mays Clo. *Wey* —1K **7**
Mays Gro. *Send* —7B **12**
Maytree Clo. *Guild* —7E **16**
Maytrees. *Knap* —1J **9**
Mead Ct. *Knap* —7A **4**
Meadowbank Rd. *Light* —1C **2**
Meadow Clo. *G'ming* —7A **28**
Meadow Clo. *Milf* —6G **33**
Meadow Cotts. *W End* —3F **3**
Meadow Dri. *Rip* —7D **12**
Meadow Ho. *Guild* —3B **24**
(off Merrow St.)
Meadowlands. *W Cla* —7F **19**
Meadow Rise. *Knap* —1K **9**
Meadow Rd. *Guild* —7J **17**
Meadows, The. *Guild* —7E **22**
Meadow Way. *W End* —3F **3**
Meadrow. *G'ming* —2B **34**
Meads Rd. *Guild* —4K **23**
Mead Way. *Guild* —6A **18**
Meadway Dri. *Wok* —7E **4**
Medawar Rd. *Sur R* —5K **21**
Medhurst Clo. *Chob* —1B **4**
Medlar Clo. *Guild* —2E **22**
Melbury Clo. *W Byf* —5E **6**
Mellersh Hill Rd. *Won* —7K **29**
Melville Ct. *Guild* —7E **22**
Mercia Wlk. *Wok* —1H **11**
Merlin Ct. *Wok* —1D **10**
Merrivale Gdns. *Wok* —1E **10**
Merrow Bus. Cen. *Guild* —2B **24**
Merrow Chase. *Guild* —4A **24**
Merrow Comn. Rd. *Guild* —1A **24**

Merrow Copse. *Guild* —3K **23**
Merrow Ct. *Guild* —4B **24**
Merrow Croft. *Guild* —3A **24**
Merrow La. *Guild* —6A **18**
Merrow St. *Guild* —2B **24**
Merrow Way. *Guild* —3B **24**
Merrow Woods. *Guild* —2K **23**
Mews, The. *Guild* —5E **22**
Meyrick Clo. *Knap* —7A **4**
Michelet Clo. *Light* —1B **2**
Middle Wlk. *Wok* —1G **11**
Midhope Clo. *Wok* —3G **11**
Midhope Gdns. *Wok* —3G **11**
Midhope Rd. *Wok* —3G **11**
Midleton Clo. *Milf* —5F **33**
Midleton Ind. Est. *Guild* —4D **22**
Midleton Ind. Est. Rd. *Guild*
—3D **22**
Midleton Rd. *Guild* —3D **22**
Midsummer Wlk. *Wok* —7F **5**
Milcombe Clo. *Wok* —2E **10**
Mile Path. *Wok* —5B **10**
Milestone Clo. *Rip* —6E **12**
Milford By-Pass. *Milf* —6D **32**
Milford Heath. *Milf* —7E **32**
Milford Lodge. *Milf* —7F **33**
Milford Rd. *Elst* —4A **32**
Milkhouse Ga. *Guild* —6F **23**
Millan Clo. *New H* —1F **7**
Millbrook. *Guild* —6F **23**
Miller Rd. *Guild* —1A **24**
Millford. *Wok* —1D **10**
Mill La. *Brmly* —1H **35**
Mill La. *Byfl* —4K **7**
Mill La. *Chil* —2D **30**
Mill La. *G'ming* —5H **33**
Mill La. *Guild* —6F **23**
Mill La. *Peas* —5E **28**
Mill La. *Pirb* —1D **14**
Mill La. *Rip* —3H **13**
Millmead. *Byfl* —3K **7**
Millmead. *Guild* —6E **22**
Millmead Ct. *Guild* —6E **22**
Millmead Ter. *Guild* —6E **22**
Mill Rd. *Guild* —6E **22**
Miltons Cres. *G'ming* —5H **33**
Mincing La. *Chob* —1B **4**
Minster Rd. *G'ming* —6K **33**
Mint St. *G'ming* —3K **33**
Mint, The. *G'ming* —3K **33**
Mint Wlk. *Knap* —1A **10**
Mitchells Clo. *Shalf* —3G **29**
Model Cotts. *Pirb* —5D **8**
Molloy Ct. *Wok* —7J **5**
Molyneux Rd. *G'ming* —7B **28**
Monks Gro. *Comp* —2E **26**
Monro Dri. *Guild* —1D **22**
Montague Clo. *Light* —1A **2**
Montgomerie Dri. *Guild* —6C **16**
Montgomery Rd. *Wok* —2G **11**
Monument Bri. Ind. Est. *Wok*
—6J **5**
Monument Bri. Ind. Est. E. *Wok*
—6K **5**
Monument Bri. Ind. Est. W. *Wok*
—6J **5**
Monument Rd. *Wok* —5J **5**
Monument Way E. *Wok* —6K **5**
Monument Way W. *Wok* —6J **5**
Moore Rd. *Pirb* —5B **8**
Moorfield Cen., The. *Guild*
—7F **17**
Moorfield Rd. *Guild* —7F **17**
Moorholme. *Wok* —3G **11**
Moorlands, The. *Wok* —5H **11**
Moor La. *Wok* —6G **11**

Morcote Clo.—Peatmore Clo.

Morcote Clo. *Shalf* —4G **29**
More Circ. *G'ming* —7A **28**
More Rd. *G'ming* —7A **28**
Morton Clo. *Wok* —6E **4**
Morton Rd. *Wok* —6F **5**
Moss La. *G'ming* —3K **33**
Mount Clo. *Wok* —5D **10**
Mount Ct. *Guild* —6E **22**
Mt. Hermon Clo. *Wok* —3F **11**
Mt. Hermon Rd. *Wok* —3F **11**
Mount Pl. *Guild* —6E **22**
Mt. Pleasant. *Guild* —6E **22**
Mt. Pleasant Clo. *Light* —1A **2**
Mount Rd. *Chob* —3D **4**
Mount Rd. *Wok* —5D **10**
Mountside. *Guild* —6D **22**
Mount, The. *Guild* —6E **22**
Mount, The. Wok —2F **11**
 (off Elm Rd.)
Mount, The. *Wok* —3C **10**
 (St John's Hill Rd.)
Moushill La. *Milf* —7E **32**
Mowbray Av. *Byfl* —4J **7**
Moyne Ct. *Wok* —2B **10**
Muirfield Rd. *Wok* —2C **10**
Mulberry Clo. *Wok* —5G **5**
Mulberry Ct. *Guild* —7B **28**
Mulgrave Way. *Knap* —2A **10**
Mundays Boro Rd. *Putt* —2A **26**
Munstead Heath Rd. *G'ming & Brmly* —6C **34**
Munstead Pk. *G'ming* —4E **34**
Munstead View. *Guild* —1D **28**
Munstead View Rd. *Brmly* —2F **35**
Murray Grn. *Wok* —5A **6**
Murray's La. *W Byf* —5H **7**
Murtmead La. *Guild* —3A **26**
Mylor Clo. *Wok* —5G **5**
Myrtle Clo. *Light* —2B **2**

Napier Gdns. *Guild* —3K **23**
Nasturtium Dri. *Bisl* —6G **3**
Nelson Gdns. *Guild* —3J **23**
Nethercote Av. *Wok* —1B **10**
Nether Mt. *Guild* —6D **22**
Nettles Ter. *Guild* —4F **23**
Newark Clo. *Guild* —6K **17**
Newark Clo. *Rip* —5E **12**
Newark Cotts. *Rip* —5E **12**
Newark La. *Wok & Rip* —2D **12**
New Coppice. *Wok* —3A **10**
New Cotts. *Pirb* —6D **8**
New Cross Rd. *Guild* —2C **22**
New England Hill. *W End* —3D **2**
New Ho. Farm La. *Wood S* —3J **21**
New Inn La. *Guild* —7K **17**
Newlands Av. *Wok* —5H **11**
New La. *Wok & Sut G* —6G **11**
New Pond Rd. *Guild & G'ming* —4K **27**
New Rd. *Alb* —2H **31**
New Rd. *Chil* —4K **29**
New Rd. *E Clan* —1J **25**
New Rd. *Milf* —7E **32**
New Rd. *Won* —6K **29**
Newsham Rd. *Wok* —1B **10**
Newstead Clo. *G'ming* —1K **33**
New Way. *G'ming* —4J **33**
Nicholas Gdns. *Wok* —7D **6**
Nightingale Ct. *Wok* —2A **10**
Nightingale Rd. *G'ming* —2A **34**
Nightingale Rd. *Guild* —4F **23**
Norfolk Farm Clo. *Wok* —7B **6**

Norfolk Farm Rd. *Wok* —6B **6**
Norley La. *Sham G* —2K **35**
Norney. *Shack* —1E **32**
Northbourne. *G'ming* —6B **28**
North Ct. *G'ming* —7H **27**
Northdown La. *Guild* —7G **23**
North Dri. *Brkwd* —5C **8**
Northfield. *Light* —2B **2**
Northfield. *Shalf* —5G **29**
N. Moors. *Sly I* —7G **17**
N. Munstead La. *G'ming* —6C **34**
North Rd. *Guild* —1D **22**
North Rd. *Wok* —7J **5**
North St. *G'ming* —7A **28**
North St. *Guild* —5F **23**
Northway. *G'ming* —7H **27**
Northway. *Guild* —2C **22**
Northwood Av. *Knap* —2K **9**
Norton Clo. *Worp* —4K **15**
Nottingham Clo. *Wok* —2B **10**
Nottingham Clo. Wok —2B 10
 (off Nottingham Clo.)
Nugent Rd. *Sur R* —4K **21**
Nursery Clo. *Wok* —7E **4**
Nursery Clo. *Wdhm* —1D **6**
Nursery Gdns. *Chil* —3K **29**
Nursery Rd. *G'ming* —7B **28**
Nursery Rd. *Knap* —1K **9**
Nutwood. *G'ming* —1K **33**
 (off Frith Hill Rd.)

Oakbank. *Wok* —3G **11**
Oak Clo. *G'ming* —6A **28**
Oak Cottage Clo. *Wood S* —3J **21**
Oakcroft Clo. *W Byf* —5D **6**
Oakcroft Rd. *W Byf* —5D **6**
Oakdene. *Chob* —1B **4**
Oakdene Rd. *G'ming* —4K **33**
Oakdene Rd. *Peas* —5E **28**
Oak End Way. *Wdhm* —3C **6**
Oakfield. *Wok* —1A **10**
Oakfields. *Guild* —2B **22**
Oakfields. *W Byf* —5F **7**
Oak Grange Rd. *W Cla* —6F **19**
Oak Hill. *Burp* —6A **18**
Oak Hill. *Wood S* —2H **21**
Oakhurst. *Chob* —1A **4**
Oaklands Clo. *Shalf* —5G **29**
Oak La. *Wok* —7A **6**
Oakley Dell. *Guild* —2A **24**
Oakley Ho. *G'ming* —6A **28**
Oak Mead. *G'ming* —6K **27**
Oak Pk. *W Byf* —4C **6**
Oakridge. *W End* —4F **3**
Oaks Rd. *Wok* —1G **11**
Oaks, The. *W Byf* —5F **7**
Oak Tree Clo. *Burp* —6A **18**
Oak Tree Clo. *Jac* —5F **17**
Oak Tree Clo. *Knap* —2H **9**
Oak Tree Dri. *Guild* —7E **16**
Oak Tree Rd. *Knap* —2H **9**
Oak Tree Rd. *Milf* —6E **32**
Oakway. *Wok* —3A **10**
Oakwood. *Guild* —6C **16**
Oakwood Ct. *Bisl* —7G **3**
Oakwood Gdns. *Knap* —2G **9**
Oakwood Rd. *Wok* —3A **10**
Occam Rd. *Sur R* —4K **21**
Ockenden Clo. *Wok* —2H **11**
Ockenden Gdns. *Wok* —2H **11**
Ockenden Rd. *Wok* —2H **11**
Ockfields. *Milf* —6F **33**
Ockford Ct. *G'ming* —3K **33**
Ockford Dri. *G'ming* —4J **33**
Ockford Ridge. *G'ming* —4H **33**

Ockford Rd. *G'ming* —4J **33**
Ockham Rd. N. *Ock & W Hors* —4J **13**
Ockley Ct. *Guild* —6K **17**
Oglethorpe Ct. *G'ming* —3K **33**
 (off High St. Godalming,)
Oldacre. *W End* —3F **3**
Old Acre. *Wok* —5E **6**
Old Av. *W Byf* —4C **6**
Old Av. Clo. *W Byf* —4C **6**
Old Bakery M. *Alb* —2F **31**
Old Barn View. *G'ming* —5J **33**
Old Chertsey Rd. *Chob* —1D **4**
Old Ct. Rd. *Guild* —5C **22**
Old Elstead Rd. *Milf* —5E **32**
Old Epsom Rd. *Guild* —1H **25**
Old Farm Rd. *Guild* —1F **23**
Oldfieldwood. *Wok* —1K **11**
Old Forge Ct. *Shalf* —3H **29**
Old Hill. *Wok* —4F **11**
Old Hill Est. *Wok* —4F **11**
Oldhouse La. *Bisl* —5G **3**
Oldhouse La. *Light* —1C **2**
Old Lodge Clo. *G'ming* —4H **33**
Old Malt Way. *Wok* —1F **11**
Old Mnr. La. *Chil* —3A **30**
Old Merrow St. *Guild* —1B **24**
Old Orchard. *Byfl* —3K **7**
Old Pal. Rd. *Guild* —5C **22**
Old Parvis Rd. *W Byf* —3G **7**
Old Portsmouth Rd. *G'ming & Peas* —6D **28**
Old Rectory Clo. *Brmly* —1H **35**
Old Rectory Gdns. *G'ming* —5B **34**
Old School Pl. *Wok* —5G **11**
Old Sta. Way. *G'ming* —1A **34**
Old Woking Rd. *W Byf* —4D **6**
Old Woking Rd. *Wok* —3K **11**
Omega Rd. *Wok* —6J **5**
One Tree Hill Rd. *Guild* —5K **23**
Onslow Clo. *Wok* —1J **11**
Onslow Cres. *Wok* —1J **11**
Onslow Rd. *Guild* —4F **23**
Onslow St. *Guild* —5E **22**
Onslow Way. *Wok* —6D **6**
Opus Pk. *Sly I* —7F **17**
Orchard Av. *Wdhm* —2D **6**
Orchard Clo. *Guild* —4K **23**
Orchard Clo. *Norm* —4B **20**
Orchard Clo. *W End* —4D **2**
Orchard Clo. *Wok* —7K **5**
Orchard Cotts. *Chil* —3C **30**
Orchard Dene. W Byf —4E **6**
 (off Madeira Rd.)
Orchard Dri. *Wok* —6G **5**
Orchard Field Rd. *G'ming* —7B **28**
Orchard Ho. Guild —3B **24**
 (off Merrow St.)
Orchard Lea Clo. *Wok* —6C **6**
Orchard Mains. *Wok* —3E **10**
Orchard Rd. *Burp* —7K **17**
Orchard Rd. *Onsl* —6B **22**
Orchard Rd. *Shalf* —3G **29**
Orchards Clo. *W Byf* —5E **6**
Orchard, The. *Light* —2B **2**
Orchard, The. *Wok* —6G **11**
Orchard Way. *Guild* —4B **20**
Orchard Way. *Send* —2A **18**
Orchid Dri. *Bisl* —6G **3**
Oregano Way. *Guild* —6C **16**
Oriental Clo. *Wok* —1H **11**
Oriental Rd. *Wok* —1H **11**
Ormonde Rd. *G'ming* —1A **34**
Ormonde Rd. *Wok* —7E **5**

Osborne Dri. *Light* —2A **2**
Oval, The. *G'ming* —7B **28**
Oval, The. *Guild* —5C **22**
Oval, The. *Wood S* —3H **21**
Overbrook. *G'ming* —2C **34**
Overthorpe Clo. *Knap* —1A **10**
Ovington Ct. *Wok* —7B **4**
Owen Rd. *G'ming* —1B **34**
Oxford Rd. *Guild* —6F **23**
Oxford Ter. *Guild* —6F **23**
Oyster La. *Byfl* —1H **7**

Paddock Ho. *Guild* —3B **24**
 (off Merrow St.)
Paddocks Mead. *Wok* —7A **4**
Paddocks Rd. *Guild* —7J **17**
Paddocks, The. *New H* —6F **7**
Paddocks, The. *Norm* —4C **20**
Paddock, The. *G'ming* —5B **34**
Paddock, The. *Guild* —3B **24**
Paddock, The. *Light* —2B **2**
Paddock Way. *Wok* —5K **5**
Palmers Lodge. *Guild* —5C **22**
Palmerston Clo. *Wok* —5J **5**
Palm Gro. *Guild* —7E **16**
Pannells Ct. *Guild* —5F **23**
Pantiles Clo. *Wok* —2D **10**
Papercourt La. *Rip* —5D **12**
Paragon Cotts. *Guild* —1H **25**
Pares Clo. *Wok* —7F **5**
Park Av. *Pep H* —2C **32**
Park Barn Dri. *Guild* —2A **22**
Park Barn E. *Guild* —3B **22**
Park Chase. *G'ming* —5A **34**
Park Chase. *Guild* —4G **23**
Park Clo. *New H* —1F **7**
Park Ct. *Wok* —2H **11**
Park Dri. *Brmly* —1H **35**
Park Dri. *Wok* —2H **11**
Parkfield. *G'ming* —5A **34**
Park Ga. Ct. *Wok* —2G **11**
Parkhurst Rd. *Guild* —3C **22**
Parklands Cotts. *Alb* —4K **31**
Parklands Pl. *Guild* —4K **23**
Park La. *Guild* —1B **24**
Park Pl. Wok —2H **11**
 (off Hill View Rd.)
Park Rd. *Alb* —3J **31**
Park Rd. *G'ming* —5A **34**
Park Rd. *Guild* —4F **23**
Park Rd. *Wok* —1H **11**
Park Side. *New H* —2F **7**
Parkside Cotts. *Guild* —2E **24**
Park St. *Guild* —6E **22**
Park View Ct. *Wok* —3H **11**
Parkview Vale. *Guild* —2A **24**
Parkway. *Guild* —3G **23**
Parley Dri. *St J* —1E **10**
Parliamentary Rd. *Pirb* —5A **8**
Parnell Gdns. *Wey* —2K **7**
Parnham Av. *Light* —2D **2**
Parry Rd. *Wey* —1K **7**
Parsons Grn. *Guild* —2F **23**
Parsons Grn. Ct. *Guild* —1F **23**
Partridge Way. *Guild* —2B **24**
Parvis Rd. *W Byf* —4F **7**
Pathfields. *Shere* —3K **31**
Pathway, The. Send —2D **18**
Paxton Gdns. *Wok* —3C **6**
Peacocks Shop. Cen., The. Wok —1G **11**
Peak Rd. *Guild* —1C **22**
Pearl Ct. *Wok* —7A **4**
Peatmore Av. *Wok* —7E **6**
Peatmore Clo. *Wok* —7E **6**

44 A-Z Guildford & Woking

Peatmore Dri.—Roundhill

Peatmore Dri. *Brkwd* —5C **8**
Pembroke Gdns. *Wok* —2J **11**
Pembroke Rd. *Wok* —2J **11**
Pendennis Clo. *W Byf* —5E **6**
Penhurst. *Wok* —5H **5**
Pennings Av. *Guild* —2B **22**
Penny Dri. *Wood S* —3H **21**
Pennypot La. *Chob* —4H **3**
Pentreath Av. *Guild* —5B **22**
Penwith Wlk. *Wok* —3F **11**
Penwood End. *Wok* —5D **10**
Peperharow La. *Shack* —1C **32**
Peperharow Rd. *G'ming* —1H **33**
Percheron Dri. *Knap* —3H **9**
Percy Rd. *Guild* —2D **22**
Perleybrooke La. Wok —1C 10
 (off Bampton Way)
Perrin Ct. *Wok* —6K **5**
Perrior Rd. *G'ming* —7A **28**
Perry Clo. *G'ming* —2C **34**
Perry Hill. *Worp* —4A **16**
Perseverance Cotts. *Rip* —5G **13**
Peterborough Rd. *Guild* —2B **22**
Petersham Av. *Byfl* —3J **7**
Petersham Clo. *Byfl* —3J **7**
Petworth Rd. *Milf* —7E **32**
Pewley Bank. *Guild* —6G **23**
Pewley Hill. *Guild* —6F **23**
Pewley Point. *Guild* —6G **23**
Pewley Way. *Guild* —6G **23**
Phillips Clo. *G'ming* —5K **33**
Phillips Hatch. *Won* —6A **30**
Phillip's Quad. *Wok* —2G **11**
Philpot La. *Chob* —4D **4**
Phoenix Ct. *Guild* —6F **23**
Picards, The. *Guild* —1E **28**
Pilgrim Ct. *Milf* —7F **33**
Pilgrim's Clo. *Shere* —2K **31**
Pilgrims Way. *Bisl* —7G **3**
Pilgrims Way. *Guild* —1F **29**
Pilgrim's Way. *Shere* —2K **31**
Pimms Clo. *Guild* —7J **17**
Pine Clo. *New H* —2F **7**
Pine Clo. *Wok* —7E **4**
Pine Rd. *Wok* —4E **10**
Pines, The. *Wok* —5H **5**
Pines Trad. Est., The. *Guild*
 —2A **22**
Pine Tree Hill. *Wok* —7B **6**
Pine View Clo. *Chil* —3D **30**
Pinewood Av. *New H* —1G **7**
Pinewood Clo. *Wok* —6J **5**
Pinewood Gro. *New H* —1F **7**
Pinewood Rd. *New H* —2F **7**
Pirbright Grn. *Pirb* —7F **9**
Pirbright Rd. *Norm* —1A **20**
Pirbright Ter. *Pirb* —7F **9**
Pit Farm Rd. *Guild* —4J **23**
Platt Meadow. *Guild* —1B **24**
Plovers Rise. *Brkwd* —4G **9**
Polesden La. *Send* —7D **12**
Pollard Rd. *Wok* —7K **5**
Polsted La. *Comp* —4J **27**
Poltimore Rd. *Guild* —6C **22**
Pondfield Rd. *G'ming* —7B **28**
Pond Meadow. *Guild* —4A **22**
Pond Rd. *Wok* —4C **10**
Ponds La. *Shere* —5J **31**
Poole Rd. *Wok* —2G **11**
Poplar Cotts. *Guild* —1A **22**
Poplar Gro. *Wok* —3G **11**
Poplar Rd. *Shalf* —4G **29**
Porridge Pot All. *Guild* —6F **23**
Portsmouth Rd. *G'ming* —6H **23**
Portsmouth Rd. *Guild* —1E **28**
Portsmouth Rd. *Rip* —2D **18**

Portsmouth Rd. *Thur & Milf*
 —7C **32**
Portugal Rd. *Wok* —7H **5**
Port Way. *Bisl* —7G **3**
Postford Farm Cotts. *Alb* —4E **30**
Postford Mill Cotts. *Chil* —1D **30**
Potters Clo. *Milf* —5F **33**
Potters La. *Send* —7K **11**
Pound Ct. *Wood S* —3H **21**
Pound Field. *Guild* —3F **23**
Poundfield Ct. *Wok* —5A **12**
Poundfield Gdns. *Wok* —4A **12**
 (in two parts)
Pound Hill. *Wood S* —3H **21**
Pound La. *G'ming* —3A **34**
Pound La. *Wood S* —3H **21**
Pound Pl. *Shalf* —3H **29**
Pound Pl. *Shalf* —3H **29**
Powderham Ct. *Knap* —2K **9**
Powell Clo. *Guild* —6B **22**
Poyle Ho. Guild —3B 24
 (off Merrow St.)
Poyle Rd. *Guild* —6G **23**
Poyle Ter. *Guild* —6F **23**
Prae, The. *Wok* —2D **12**
Presbury Ct. *St J* —2C **10**
Prey Heath Clo. *Wok* —1E **16**
Prey Heath Rd. *Wok* —1D **16**
Priest La. *W End* —4C **2**
Priestley Gdns. *Wok* —4J **11**
Priestley Rd. *Sur R* —5K **21**
Primrose Dri. *Bisl* —6G **3**
Primrose Ridge. *G'ming* —5H **33**
Primrose Way. *Brmly* —2F **35**
Prince's Av. *G'ming* —7J **27**
Princess Gdns. *Wok* —7K **5**
Princess Rd. *Wok* —7K **5**
Priors Ct. *St J* —2C **10**
Prior's Croft. *Wok* —4J **11**
Priorsfield Rd. *Comp & Hurt*
 —3F **27**
Priors Hatch La. *Hurt* —5F **27**
Priorswood. *Comp* —4F **27**
Priory Clo. *Wok* —4B **6**
Priory Ct. *Guild* —1E **28**
Providence Pl. *W Byf* —5E **6**
Prunus Clo. *W End* —4E **2**
Puckshill. *Knap* —1K **9**
Pullman Ct. *G'ming* —5J **33**
Purbeck Ct. *Guild* —4A **22**
Purbeck Dri. *Wok* —5H **5**
Puttenham Heath Rd. *Guild*
 —2D **26**
Puttenham Hill. *Putt* —1C **26**
Puttenham La. *Shack* —5C **26**
Pyle Hill. *Wok* —1F **17**
Pyrford Comn. Rd. *Wok* —7B **6**
Pyrford Ct. *Wok* —1D **12**
Pyrford Heath. *Wok* —7D **6**
Pyrford Rd. *W Byf & Wok* —4E **6**
Pyrford Wood Est. *Wok* —7A **6**
Pyrford Woods Clo. *Wok* —6D **6**
Pyrford Woods Rd. *Wok* —6C **6**

Quadrangle, The. *Guild* —5C **22**
Quakers Way. *Guild* —7J **15**
Quarry Bank. *Light* —2A **2**
Quarry Hill. *G'ming* —4H **33**
Quarry Rd. *Hurt* —7G **27**
Quarry St. *Guild* —6F **23**
Quartermaine Av. *Guild* —6H **11**
Quarter Mile Rd. *G'ming* —5A **34**
Queendale Ct. *Wok* —7B **4**

Queen Eleanor's Rd. *Guild*
 —5B **22**
Queen Elizabeth Way. *Wok*
 —3H **11**
Queenhythe Rd. *Guild* —5F **17**
Queen Mary Clo. *Wok* —7A **6**
Queen Mary's Dri. *New H* —1D **6**
Queen's Av. *Byfl* —3H **7**
Queens Clo. *Bisl* —7G **3**
Queens Ct. *Wok* —2H **11**
Queen's Dri. *G'ming* —7H **27**
Queens Dri. *Guild* —1C **22**
Queens Rd. *Bisl* —4E **8**
Queen's Rd. *Guild* —4F **23**
Queen's Rd. *Knap* —2J **9**
Queen St. *G'ming* —3A **34**
Queen's Way. *Pirb* —3D **8**
Queenswood Rd. *Wok* —3K **9**
Queen Victoria Rd. *Pirb* —3D **8**
Quince Dri. *Bisl* —6H **3**
Quintrell Clo. *Wok* —1D **11**

Rack's Ct. *Guild* —6F **23**
Racquets Ct. Hill. *G'ming* —1J **33**
Radstone Ct. *Wok* —2H **11**
Raeburn Ct. *Wok* —3C **10**
Raeburn Gro. *St J* —3C **10**
Raglan Rd. *Knap* —2A **10**
Rails La. *Pirb* —2C **14**
Railton Rd. *Guild* —7D **16**
Rainbow Ct. *Wok* —7A **4**
Rake La. *Milf* —7G **33**
Ramin Ct. *Guild* —1E **22**
Ramsden Rd. *G'ming* —4K **33**
Randolph Clo. *Knap* —1A **10**
Range, The. *Brmly* —3J **35**
Rapley's Field. *Pirb* —7E **8**
Ravens Clo. *Knap* —7J **3**
Ravenswood Ct. *Wok* —2H **11**
Raymond Cres. *Guild* —5B **22**
Recreation Rd. *Guild* —4F **23**
Rectory Clo. *Byfl* —4J **7**
Rectory Clo. *G'ming* —5B **34**
Rectory Clo. *Guild* —2B **24**
Rectory La. *Byfl* —5J **7**
Rectory La. *Shere* —2K **31**
Redcourt. *Wok* —6B **6**
Redding Way. *Knap* —3H **9**
Red Rd. *Light* —3A **2**
Redwing Av. *G'ming* —6K **27**
Redwing Rise. *Guild* —2B **24**
Redwood Gro. *Chil* —3A **30**
Reed Pl. *W Byf* —4C **6**
Reeve Ct. *Guild* —7C **16**
Regalfield Clo. *Guild* —7B **16**
Regan Clo. *Guild* —6D **16**
Regency Dri. *W Byf* —4D **6**
Regent Clo. *New H* —1H **7**
Regent Ct. *Guild* —2D **22**
Reidonhill Cotts. *Knap* —2H **9**
Reindorp Clo. *Guild* —5C **22**
Revesby Ct. *W End* —4D **2**
Ricardo Ct. *Brmly* —2H **35**
Rices Corner. *Won* —5J **29**
Richmond Rd. *G'ming* —1A **34**
Rickford. *Worp* —2J **15**
Rickford Hill. *Worp* —3K **15**
Rickyard. *Guild* —4K **21**
Ride La. *Alb* —7H **31**
Ridge Clo. *Wok* —5D **10**
Ridgemount. *Guild* —5D **22**
Ridges, The. *Guild* —2E **28**
Ridge, The. *Wok* —1K **11**
Ridgeway. *Hors* —6F **5**

Ridgeway Clo. *Light* —2A **2**
Ridgeway Clo. *Wok* —7F **5**
Ridgeway Gdns. *Wok* —6F **5**
Ridgeway, The. *Brkwd* —4G **9**
Ridgeway, The. *Guild* —5J **23**
Ridgeway, The. *Light* —1B **2**
Ridgway. *Pyr* —6E **6**
Ridgway Rd. *Pyr* —6D **6**
Ridings, The. *Rip* —7E **12**
Riding, The. *Wok* —5K **5**
Ridsdale Rd. *Wok* —1D **10**
Ringmore Dri. *Guild* —1A **24**
Ripley By-Pass. *Rip* —7G **13**
Ripley La. *Rip & W Hors* —7J **13**
Ripley Rd. *Send* —3G **19**
Ripon Clo. *Guild* —2B **22**
River Ct. *Wok* —5A **6**
Riverdale Dri. *Wok* —5H **11**
Rivermead. *Byfl* —4K **7**
Rivermount Gdns. *Guild* —7E **23**
Riverside. *Guild* —2F **23**
Riverside Av. *Light* —1C **2**
Riverside Bus. Cen. *Guild* —4E **22**
Riverside Clo. *Brkwd* —4F **9**
Riverside Dri. *Brmly* —7J **29**
Riverside Gdns. *Wok* —5K **11**
Riverside Wlk. *G'ming* —2K **33**
Riverview. *Guild* —4E **22**
Riverway Est. *Guild* —6D **28**
Riverwood Ct. *Guild* —2E **22**
Rivett Drake Rd. *Guild* —7C **16**
Rivey Clo. *W Byf* —5D **6**
Road Ho. Est. *Old Wok* —4J **11**
Robertson Ct. *Wok* —2A **10**
Robin Hill. *G'ming* —7K **27**
Robin Hood. *Wok* —2B **10**
Robin Hood Cres. *Knap* —1A **10**
Robin Hood La. *Wok & Sut G*
 —1H **17**
Robin Hood Rd. *Knap* —1K **9**
Robin Hood Works. Knap —1A 10
 (off Robin Hood Rd.)
Robins Dale. *Knap* —1J **9**
Robin Way. *Guild* —7D **16**
Rodborough Hill Cotts. *Witl*
 —7C **32**
Rodney Way. *Guild* —3J **23**
Roffords. *Wok* —1D **10**
Rokeby Ct. *Wok* —1B **10**
Rokers La. *Shack* —7D **26**
Romans Way. *Wok* —6E **6**
Romany Rd. *Knap* —6J **3**
Rooks Hill. *Brmly* —5K **35**
Rookwood Ct. *Guild* —7E **22**
Rosalind Franklin Clo. *Sur R*
 —5A **22**
Roseacre Gdns. *Chil* —3D **30**
Rose Bank Cotts. *Wok* —6G **11**
Rosebery Cres. *Wok* —4H **11**
Rosebriar Clo. *Wok* —7E **6**
Rosebury Dri. *Bisl* —6G **3**
Rosehill Av. *Wok* —7E **4**
Rose La. *Rip* —5G **13**
Rosemary Cres. *Guild* —7B **16**
Rosemount Av. *W Byf* —4E **6**
Rose Pk. Cvn. Site. *Wdhm* —1C **6**
Rosetrees. *Guild* —5J **23**
Rosewarne Clo. *Wok* —2C **10**
Rosewood. *Wok* —3J **11**
Rosewood Way. *W End* —4E **2**
Roslyn Ct. *Wok* —2C **10**
Rossiter Lodge. *Guild* —5J **23**
Roughlands. *Wok* —6C **6**
Rough Rd. *Wok* —6J **9**
Rounce La. *W End* —4K **1**
Roundhill. *Wok* —3K **11**

A-Z Guildford & Woking 45

Roundhill Dri.—Stoke M.

Roundhill Dri. *Wok* —2K **11**
Roundhill Way. *Guild* —4B **22**
Roundthorn Way. *Wok* —7B **4**
Rowan Clo. *Guild* —1E **22**
Rowans, The. *Wok* —2G **11**
Rowbury. *G'ming* —6C **28**
Rowe La. *Pirb* —1G **15**
Row La. *Alb* —7J **31**
Rowley Clo. *Pyr* —7F **7**
Royal Horticultural Society Cotts.
    Wis —7J **7**
Royal Oak Rd. *Wok* —2E **10**
Royston Av. *Byfl* —3J **7**
Royston Rd. *Byfl* —3J **7**
Rubus Clo. *W End* —4E **2**
Rugosa Rd. *W End* —4E **2**
Runtley Wood La. *Sut G* —2H **17**
Rupert Rd. *Guild* —5E **22**
Ruscoe Dri. *Wok* —1J **11**
Rushcroft. *G'ming* —6C **28**
Rushmoor Clo. *Guild* —1B **22**
Russell Clo. *Wok* —6E **4**
Russell Ct. *Guild* —1E **22**
Russell Rd. *Wok* —6E **4**
Russetts Clo. *Guild* —6H **5**
Rutson Rd. *Byfl* —5K **7**
Rydal Pl. *Light* —2B **2**
Ryde Clo. *Rip* —5G **13**
Ryde Heron. *Knap* —1A **10**
Rydens Way. *Wok* —4J **11**
Rydes Av. *Guild* —1B **22**
Rydes Clo. *Wok* —4A **12**
Ryde's Hill Cres. *Guild* —7B **16**
Ryde's Hill Rd. *Guild* —2B **22**
Rye Clo. *Guild* —2A **22**
Rye Gro. *Light* —1E **2**

Saddlers Clo. *Guild* —3B **24**
Saffron Platt. *Guild* —7C **16**
St Albans Clo. *Wood S* —3H **21**
St Andrews Clo. *Wok* —1E **10**
St Anne's Rd. *G'ming* —2C **34**
St Bartholomews Ct. *Guild*
    —6H **23**
St Catherines. *Wok* —3E **10**
St Catherine's Ct. *Brmly* —7H **29**
St Catherine's Dri. *Guild* —1D **28**
St Catherine's Hill. *Guild* —1E **28**
St Catherines Pk. *Guild* —6H **23**
St Denys Clo. *Knap* —2J **9**
St Edmund's Steps. *G'ming*
    —3K **33**
St Hilda's Clo. *Knap* —1K **9**
St James Clo. *Wok* —2C **10**
St John's Clo. *Guild* —5C **22**
St John's Ct. *Brkwd* —4F **9**
St John's Ct. *St J* —3C **10**
St John's Hill Rd. *Wok* —3C **10**
St John's Lye. *Wok* —3B **10**
St John's M. *Wok* —3C **10**
St John's Rise. *Wok* —3D **10**
St John's Rd. *Guild* —5B **22**
St John's Rd. *Wok* —2C **10**
St John's St. *G'ming* —1B **34**
St Lawrence Ct. *Chob* —2A **4**
St Lawrence Ho. *Chob* —2A **4**
    (off Bagshot Rd.)
St Lukes Sq. *Guild* —5H **23**
St Margaret's. *Guild* —4H **23**
St Martha's Av. *Wok* —5H **11**
St Marthas Ct. *Chil* —3K **29**
St Martins M. *Pyr* —7E **6**
St Marys Garden. *Worp* —5A **16**
St Mary's Rd. *Wok* —1E **10**
St Michael's Av. *Guild* —6J **15**

St Michael's Rd. *Wok* —5B **6**
St Mildred's Rd. *Guild* —3H **23**
St Nicholas Cres. *Pyr* —7E **6**
St Omer Ridge. *Guild* —5J **23**
St Omer Rd. *Guild* —5J **23**
St Paul's Rd. *Wok* —1J **11**
St Peter's Clo. *Wok* —4A **12**
St Peter's Rd. *Wok* —4K **11**
St Saviours Pl. *Guild* —4E **22**
St Thomas Clo. *Wok* —1E **10**
St Thomas's Dri. *Guild* —1J **25**
St Thomas's M. *Guild* —6H **23**
Salisbury Pl. *W Byf* —2G **7**
Salisbury Rd. *Wok* —3G **11**
Salt Box Rd. *Guild* —6B **16**
Salvia Ct. *Bisl* —7G **3**
Sampleoak La. *Chil* —3C **30**
Sandalwood. *Guild* —5D **22**
Sandfields. *Send* —1B **18**
Sandfield Ter. *Guild* —5F **23**
Sandpit Cotts. *Pirb* —6E **8**
Sandpit Hall Rd. *Chob* —3C **4**
Sandpit Heath. *Guild* —7K **15**
Sandpit La. *Knap* —6J **3**
Sandringham Clo. *Wok* —7E **6**
Sandy Clo. *Wok* —1A **12**
Sandy La. *Alb* —4G **31**
Sandy La. *G'ming* —1K **33**
Sandy La. *Guild* —2C **28**
Sandy La. *Norm* —1E **20**
Sandy La. *Pyr* —1E **12**
Sandy La. *Send* —7A **12**
Sandy La. *Wok* —1K **11**
Sandy Way. *Wok* —1A **12**
Sanger Dri. *Send* —7A **12**
Sanway Clo. *Byfl* —5J **7**
Sanway Rd. *Byfl* —5J **7**
Sappho Ct. *Wok* —7A **4**
Saunders Copse. *Wok* —6D **10**
Saunders La. *Wok* —6A **10**
Sawpit La. *Guild* —1J **25**
Scarlett Clo. *Wok* —2B **10**
School Clo. *Bisl* —6F **3**
School Clo. *Guild* —1F **23**
School Cotts. *Wok* —6E **10**
School La. *E Clan* —1J **25**
School La. *Guild* —1A **20**
School La. *Pirb* —6E **8**
School La. *Putt* —2C **26**
School La. *Shack* —1E **32**
Scillonian Rd. *Guild* —5C **22**
Scizdons Climb. *G'ming* —3B **34**
Scotland Bri. *New H* —2E **6**
Scotland Bri. Rd. *New H* —2E **6**
Scott Clo. *Guild* —2C **22**
Scott's Gro. Clo. *Chob* —4K **3**
Scott's Gro. Rd. *Chob* —5H **3**
Scutley La. *Light* —1E **2**
Scylla Pl. *St J* —3C **10**
Seale La. *Putt* —2A **26**
Sefton Clo. *W End* —4F **3**
Selbourne Av. *New H* —1F **7**
Selbourne Clo. *New H* —1F **7**
Selbourne Rd. *Guild* —1J **23**
Selby Wlk. *Wok* —2D **10**
Selhurst Clo. *Wok* —6H **5**
Sellar's Hill. *G'ming* —7K **27**
Selsdon Rd. *New H* —2E **6**
Selwood Rd. *Wok* —4K **11**
Semaphore Rd. *Guild* —6G **23**
Semper Clo. *Knap* —1A **10**
Send Barns La. *Send* —1B **18**
Send Clo. *Send* —7A **12**
Send Hill. *Send* —2A **18**
Send Marsh Rd. *Send* —1B **18**
Sendmarsh Works. *Rip* —7D **12**

Send Pde. Clo. *Send* —7A **12**
Send Rd. *Send* —6K **11**
Seymour Rd. *G'ming* —4H **33**
Shackleford Rd. *Elst* —3A **32**
Shackleford Rd. *Shack* —7D **26**
Shackleford Rd. *Wok* —4J **11**
Shackleton Wlk. Guild —4A **22**
    (off Chapelhouse Clo.)
Shackstead La. *G'ming* —4J **33**
Shadyhanger. *G'ming* —1A **34**
Shaftesbury Rd. *Bisl* —7F **3**
Shaftesbury Rd. *Wok* —1K **11**
Shalford Rd. *Guild* —7F **23**
Shambles, The. *Guild* —6F **23**
Shamrock Cotts. *Guild* —5D **16**
Sheepfold Rd. *Guild* —1B **22**
Sheeplands Av. *Guild* —2A **24**
Sheep Wlk., The. *Wok* —2C **12**
Sheerwater Av. *Wdhm* —3C **6**
Sheerwater Rd. *Wok & Wdhm*
    —3C **6**
Sheet's Heath La. *Brkwd* —3G **9**
Sheldon Ct. *Guild* —5S **23**
Shelton Clo. *Guild* —6C **16**
Shepherd's Hill. *Guild* —2C **22**
Shepherd's La. *Guild* —1B **22**
Shepherd's Way. *Guild* —1G **29**
Sherborne Ct. *Guild* —6E **22**
Sherbourne. *Alb* —2H **31**
Sherbourne Cotts. *Alb* —1J **31**
Shere Rd. *W Cla & Alb* —5E **24**
Sherwood Rd. *Knap* —1A **10**
Shetland Clo. *Guild* —6K **17**
Shey Copse. *Wok* —1A **12**
Shilburn Way. *Wok* —2C **10**
Shimmings, The. *Guild* —3J **23**
Shires Ho. *Byfl* —4J **7**
Shirley Pl. *Knap* —1J **9**
Shophouse La. *Alb* —7H **31**
Shops, The. *Won* —6K **29**
Shores Rd. *Wok* —5G **5**
Shrubbs Hill. *Chob* —1J **3**
Shrublands Dri. *Light* —2B **2**
Silo Clo. *G'ming* —6B **28**
Silo Dri. *G'ming* —6B **28**
Silo Rd. *G'ming* —6B **28**
Silver Birch Clo. *Wdhm* —3C **6**
Silversmiths Way. *Wok* —2E **10**
Silverwood Cotts. *Shere* —1K **31**
Simmond's Cotts. *G'ming*
    —3H **33**
Slade Rd. *Brkwd* —4D **8**
Slapleys. *Wok* —4G **11**
Slocock Hill. *St J* —1E **10**
Slyfield Ct. *Guild* —1G **23**
Slyfield Grn. *Guild* —7G **17**
Slyfield Ind. Est. *Guild* —7G **17**
Smart's Heath La. *Wok* —7C **10**
Smart's Heath Rd. *Wok* —7B **10**
Smith Ct. *Sheer* —4B **6**
Snelgar Rd. *Wok* —2G **11**
Snelgate Cotts. *Guild* —1H **25**
Snowdenham La. *Brmly* —2G **35**
Snowdenham Links Rd. *Brmly*
    —1F **35**
Snowdrop Way. *Bisl* —1G **9**
Somersey. *Shalf* —5G **29**
Somerton's Clo. *Guild* —1C **22**
Sopwith Dri. *Brook P* —2J **7**
Sorrel Dri. *Light* —3A **2**
South Clo. *Wok* —7E **4**
Southcote. *Wok* —6F **5**
South Dri. *Brkwd* —5C **8**
S. Farm La. *Bag & Light* —1A **2**
South Hill. *G'ming* —3A **34**
South Hill. *Guild* —6F **23**

South Rd. *Bisl* —7F **3**
South Rd. *Guild* —2D **22**
South Rd. *Wok* —6E **4**
South St. *G'ming* —3K **33**
S. View Ct. *Wok* —2G **11**
Southway. *Guild* —4A **22**
Southway Ct. *Guild* —4A **22**
Southwood Av. *Knap* —2K **9**
Soyer Ct. *Wok* —2A **10**
Sparvell Rd. *Knap* —3H **9**
Speedwell Clo. *Guild* —1A **24**
Spence Av. *Byfl* —5K **7**
Spencer Clo. *Wok* —4B **6**
Spiceall. *Comp* —4H **27**
Spinney, The. *Send* —4G **19**
Spring Clo. *G'ming* —6A **28**
Spring Ct. *Guild* —7D **16**
Springfield. *Light* —2D **2**
Springfield Clo. *Knap* —2A **10**
Springfield Rd. *Guild* —4G **23**
Springflower Cotts. *Guild* —1J **21**
Spring Gro. *G'ming* —6A **28**
Springhaven Clo. *Guild* —4J **23**
Springside Ct. *Guild* —3E **22**
Springwood. *Milf* —6G **33**
Sprint Ind. Est. *Byfl* —2H **7**
Spruce Dri. *Light* —3A **2**
Spur, The. *Knap* —2H **9**
Square, The. *Guild* —6B **22**
Square, The. *Light* —1C **2**
Square, The. *Wis* —7J **7**
Squirrel's Clo. *G'ming* —5K **27**
Squirrel Wood. *W Byf* —3F **7**
Stable Cotts. *G'ming* —7C **28**
Stables, The. *Guild* —1F **23**
Stafford Lake Rd. *Knap* —2F **9**
Stag Hill. *Guild* —5C **22**
Stainton Wlk. *Wok* —2E **10**
Stakescorner Rd. *Guild* —5C **28**
Stamford Ho. *Chob* —2A **4**
    (off Bagshot Rd.)
Stanford Cotts. *Pirb* —3E **14**
Staniland Dri. *Wey* —2K **7**
Stanley Hill. *Pirb* —6C **8**
Stanley Rd. *Wok* —7H **5**
Staple La. *Guild & Shere* —2H **25**
Star Hill. *Wok* —3E **10**
Starwood Clo. *W Byf* —2G **7**
Station App. *G'ming* —3K **33**
Station App. *Guild* —5G **23**
Station App. *Shalf* —3G **29**
Station App. *W Byf* —3E **6**
Station App. *Wok* —2H **11**
Station La. *Milf* —6G **33**
Station Pl. *G'ming* —7B **28**
Station Rd. *Brmly* —1H **35**
Station Rd. *Chob* —3C **4**
Station Rd. *Farnc* —7B **28**
Station Rd. *G'ming* —3K **33**
Station Rd. *Shalf* —3G **29**
Station Rd. *W Byf* —3E **6**
Station Row. *Shalf* —3G **29**
Station View. *Guild* —5G **23**
Staveley Way. *Knap* —1A **10**
Stepbridge Path. *Wok* —1F **11**
Stewart Clo. *Wok* —1B **10**
Stile Ho. *Guild* —3B **24**
    (off Merrow St.)
Stirling Rd. *Sur R* —4K **21**
Stockers La. *Wok* —4H **11**
Stocton Clo. *Guild* —3E **22**
Stocton Rd. *Guild* —3F **23**
Stoke Fields. *Guild* —5F **23**
Stoke Gro. *Guild* —4F **23**
Stoke Hospital. *Guild* —4F **23**
Stoke M. *Guild* —5F **23**

46 A-Z Guildford & Woking

Stoke Pk.—Westfield Av.

Stoke Pk. *Guild* —4F **23**
Stoke Rd. *Guild* —3F **23**
Stonebridge Fields. *Shalf* —4F **29**
Stonebridge Wharf. *Shalf* —4F **29**
Stonecrop La. *Guild* —2A **24**
Stonehill Rd. *Chob & Ott* —1E **4**
Stonehill Rd. *Light* —1A **2**
Stonepit Clo. *G'ming* —3H **33**
Stoney Brook. *Guild* —3A **22**
Stoop Ct. *W Byf* —3F **7**
Stoughton Rd. *Guild* —1C **22**
Stratton Ct. *Guild* —2C **22**
Strawberry Clo. *Brkwd* —5D **8**
Strawberry Fields. *Bisl* —7G **3**
Strawberry Rise. *Bisl* —6G **3**
Stream Clo. *Byfl* —3H **7**
Streeters Clo. *G'ming* —1C **34**
Streets Heath. *W End* —3F **3**
(in two parts)
Street, The. *Alb* —2G **31**
Street, The. *E Clan* —1J **25**
Street, The. *Guild* —4H **27**
Street, The. *Putt* —2C **26**
Street, The. *Shack* —7C **26**
Street, The. *Shalf* —3G **29**
Street, The. *W Cla* —6E **18**
Street, The. *Won* —7K **29**
Stringer's Av. *Guild* —5F **17**
Stringhams Copse. *Rip* —1E **18**
Struan Gdns. *Wok* —6G **5**
Stuart Ct. *G'ming* —3A **34**
Studland Rd. *Byfl* —4K **7**
Sturt Ct. *Guild* —2K **23**
Suffield La. *Elst & Putt* —5A **26**
Suffolk Dri. *Guild* —6K **17**
Summerhayes Clo. *Wok* —5G **5**
Summerhill. *G'ming* —1K **33**
Summerhouse Clo. *G'ming*
—3K **33**
Summerhouse Rd. *G'ming*
—4K **33**
Summersbury Dri. *Shalf* —5G **29**
Summersby Clo. *G'ming*
—7B **28**
Summers Clo. *Wey* —2K **7**
Summers La. *Hurt* —6G **27**
Summer's Rd. *G'ming* —7B **28**
Sundew Clo. *Light* —2D **2**
Sundridge Rd. *Wok* —3J **11**
Sun Hill. *Wok* —5C **10**
Surrey Ct. *Guild* —4D **22**
Sussex Clo. *Knap* —2J **9**
Sussex Ct. *Knap* —1J **9**
Sussex Pl. *Knap* —2J **9**
Sussex Rd. *Knap* —2J **9**
Sutherland Av. *Jac* —5G **17**
Sutherland Dri. *Burp* —1H **23**
Sutton Av. *Wok* —3A **10**
Sutton Grn. Rd. *Guild* —3G **17**
Swallow Rise. *Knap* —1J **9**
Swan Ct. *Guild* —2F **23**
Swan La. *Guild* —5F **23**
Swayne's La. *Guild* —4C **24**
Sycamore Ct. *G'ming* —6B **28**
Sycamore Rd. *Guild* —4F **23**
Sydenham Rd. *Guild* —6F **23**
Sydney Pl. *Guild* —5H **23**
Sydney Rd. *Guild* —5H **23**
Sylvan Clo. *Wok* —1K **11**
Sythwood. *Wok* —7D **4**
Szabo Cres. *Norm* —4B **20**

Tamarind Clo. *Guild* —6C **16**
Tamerton Sq. *Wok* —2G **11**
Tangier Rd. *Guild* —5J **23**

Tanglewood Clo. *Wok* —7B **6**
Tanglewood Ride. *W End*
—3D **2**
Tangley La. *Guild* —7B **16**
Tannersfield. *Shalf* —5G **29**
Tannery La. *Brmly* —6G **29**
Tannery La. *Send* —7B **12**
Tansy Clo. *Guild* —2A **24**
Tarragon Ct. *Guild* —7C **16**
Tarragon Dri. *Guild* —7C **16**
Tegg's La. *Wok* —7D **6**
Telford Ct. *Guild* —4H **23**
Temple Bar Rd. *Wok* —3B **10**
Templecombe M. *Wok* —7K **5**
Ten Acre. *St J* —2C **10**
Testard Rd. *Guild* —6E **22**
Teviot Clo. *Guild* —1C **22**
Tewkesbury Clo. *Byfl* —2H **7**
Thatchers La. *Worp* —4K **15**
Thistledene. *W Byf* —4D **6**
Thompson's Clo. *Pirb* —7D **8**
Thorley Clo. *W Byf* —5E **6**
Thorley Gdns. *Wok* —6E **6**
Thornash Clo. *Wok* —6E **4**
Thornash Rd. *Wok* —6E **4**
Thornash Way. *Wok* —6E **4**
Thorn Bank. *Guild* —6C **22**
Thorncombe St. *Brmly* —6G **35**
Thornton Clo. *Guild* —1C **22**
Thorpe's Clo. *Guild* —1C **22**
Thorsden Clo. *Wok* —2G **11**
Thorsden Ct. *Wok* —2G **11**
Three Gates. *Guild* —3A **24**
Three Pears Rd. *Guild* —4C **24**
Thrift Vale. *Guild* —1B **24**
Thrupp Ho. Guild —3B 24
(off Merrow St.)
Thurlton Ct. *Wok* —7G **5**
Thursby Rd. *Wok* —2C **10**
Thyme Ct. *Guild* —1K **23**
Tilehouse Rd. *Guild* —1G **29**
Tillingbourne Rd. *Shalf* —3G **29**
Tilthams Corner Rd. *G'ming*
—6D **28**
Tilthams Grn. *G'ming* —6D **28**
Timber Clo. *Wok* —5D **6**
Tintagel Way. *Wok* —7J **5**
Tithebarns La. *Send* —3E **18**
Tolldene Clo. *Knap* —1A **10**
Tolvaddon Clo. *Wok* —1C **10**
Tormead Rd. *Guild* —4H **23**
Torrens Clo. *Guild* —1C **22**
Torridon Clo. *Wok* —1D **10**
Tottenham Rd. *G'ming* —1A **34**
Tower Clo. *Wok* —1F **11**
Town End Clo. *G'ming* —3A **34**
Town End St. *G'ming* —3A **34**
Townsend La. *Wok* —5K **11**
Townslow La. *Wis* —7G **7**
Town Sq. *Wok* —1G **11**
Tracious Clo. *Wok* —7D **4**
Tracious La. *St J* —7D **4**
Treebys Av. *Guild* —5F **17**
Tregarth Pl. *Wok* —1B **10**
Trenance. *Wok* —1C **10**
Trentham Cres. *Wok* —5J **11**
Tresillian Way. *Wok* —7C **4**
Tresta Wlk. *Wok* —7C **4**
Trevose Av. *W Byf* —5D **6**
Triangle, The. *Wok* —2E **10**
Trigg's Clo. *Wok* —3F **11**
Trigg's La. *Wok* —3F **11**
Tringham Cotts. *W End* —3F **3**
Trinity Chyd. *Guild* —6F **23**
Trinity Rd. *Knap* —2H **9**
Trodd's La. *Guild* —3B **24**

Trunley Heath Rd. *Brmly*
—7E **28**
Tuckey Gro. *Rip* —7D **12**
Tudor Circ. *G'ming* —7A **28**
Tudor Clo. *Wok* —1J **11**
Tudor Rd. *G'ming* —7A **28**
Tuesley Corner. *G'ming* —4K **33**
Tuesley La. *G'ming* —4K **33**
Tunsgate. *Guild* —6F **23**
Tunsgate Sq. Guild —6F 23
(off Tunsgate)
Tuppers Ct. *Alb* —2G **31**
Turfhouse La. *Chob* —1A **4**
Turner Clo. *Guild* —1H **23**
Turnham Clo. *Guild* —1E **28**
Turnoak Av. *Wok* —4G **11**
Turnoak La. *Wok* —4G **11**
Turnvill Clo. *Light* —1A **2**
Twycross Rd. *G'ming* —7K **27**
Tychbourne Dri. *Guild* —1A **24**
Tylehost. *Guild* —7C **16**
Tynley Gro. *Guild* —5F **17**
Tyrwhitt Av. *Guild* —7D **16**
Tythebarn Clo. *Guild* —6K **17**
Tyting Cotts. *Guild* —7A **24**

Ullswater Clo. *Light* —1B **2**
Ullswater Rd. *Light* —1B **2**
Ulwin Av. *Byfl* —4J **7**
Underhill Clo. *G'ming* —4A **34**
Union St. *Pirb* —5A **8**
Unstead La. *Brmly* —7E **28**
Unstead Wood. *Peas* —5E **28**
Upfolds Grn. *Guild* —7A **18**
Up. Edgeborough Rd. *Guild*
—5H **23**
Up. Guildown Rd. *Guild* —7D **22**
Up. Manor Rd. *G'ming* —7A **28**
Up. Manor Rd. *Milf* —6E **32**
Up. Queen St. *G'ming* —3A **34**
Up. Stanford. *Pirb* —3F **15**
Upper St. *Shere* —2K **31**
Upperton Rd. *Guild* —5E **22**
Upshott La. *Wok* —1D **12**
Upton. *Wok* —1D **10**

Vale Clo. *Wok* —7G **5**
Vale Farm Rd. *Wok* —1G **11**
Valley, The. *Guild* —1E **28**
Valley View. *G'ming* —3K **33**
Vanners Pde. *Byfl* —4J **7**
Vapery La. *Pirb* —5D **8**
Venton Clo. *Wok* —1D **10**
Vernon Way. *Guild* —3B **22**
Verralls. *Wok* —1K **11**
Veryan. *Wok* —1C **10**
Viburnum Ct. *W End* —4E **2**
Vicarage Ga. *Guild* —6C **22**
Vicarage La. *Send* —3A **18**
Vicarage Rd. *Chob* —2K **3**
Vicarage Rd. *Wok* —5H **11**
Vickers Dri. N. *Brook P* —1J **7**
Vickers Dri. S. *Wey* —2J **7**
Victoria Ct. Shalf —3G 29
(off Station Row)
Victoria Rd. *G'ming* —3A **34**
Victoria Rd. *Guild* —4G **23**
Victoria Rd. *Knap* —1K **9**
Victoria Rd. *Wok* —1G **11**
Victoria Way. *Wok* —1K **11**
Viggory La. *Wok* —6E **4**
Vine Clo. *Worp* —3K **15**
Vine Farm Cotts. *Worp* —4K **15**
Viscount Gdns. *W Byf* —3J **7**

Waggon Clo. *Guild* —3A **22**
Wakefield Clo. *Byfl* —3J **7**
Wakehurst Path. *Wok* —5A **6**
Walden Cotts. *Norm* —2A **20**
Waldens Pk. Rd. *Wok* —7E **4**
Waldens Rd. *Wok* —1F **11**
Wallace Clo. *Guild* —1J **21**
Walnut Tree Clo. *Guild* —4E **22**
Walnut Tree Gdns. *G'ming*
—7A **28**
Walnut Tree La. *Byfl* —3H **7**
Walnut Tree Pk. *Guild* —4E **22**
Waltham Av. *Guild* —7D **16**
Walton Ct. *Wok* —6J **5**
Walton Rd. *Wok* —7H **5**
Walton Ter. *Wok* —6K **5**
Wanborough Hill. *Guild* —7C **20**
Wansford Grn. *Wok* —1B **10**
Warbury La. *Knap* —6J **3**
Ward St. *Guild* —5F **23**
Warners La. *Alb* —4J **31**
Warramill Rd. *G'ming* —2C **34**
Warren Home Farm. *Wok* —3F **13**
Warrenhyrst. *Guild* —5J **23**
Warren La. *Alb* —2G **31**
Warren La. *Wok* —2E **12**
Warren Rd. *G'ming* —7A **28**
Warren Rd. *Guild* —5H **23**
Warren Rd. *New H* —1E **6**
Warwick La. *Wok* —3C **10**
Warwick's Bench. *Guild* —6F **23**
Warwick's Bench La. *Guild*
—7H **23**
Warwick's Bench Rd. *Guild*
—7G **23**
Watercress Way. *Wok* —1D **10**
Waterden Clo. *Guild* —5H **23**
Waterden Rd. *Guild* —5G **23**
Waterers Rise. *Knap* —1K **9**
Water La. *Guild* —7F **25**
Watermead. *Wok* —7B **4**
Waterperry La. *Chob* —1B **4**
Waterside Clo. *G'ming* —2C **34**
Waterside La. *G'ming* —4J **33**
Waterside Meadows. *Guild*
—2E **22**
Waterside Rd. *Guild* —1F **23**
Waterside Way. *Wok* —2D **10**
Watersmeet Clo. *Guild* —6J **17**
Watery La. *Chob* —1K **3**
Watford Clo. *Guild* —4H **23**
Watts Farm Pde. Chob —1B 4
(off Barnmead)
Waverley Ct. *Wok* —2G **11**
Wayside Ct. *Wok* —7A **4**
Weald Clo. *Shalf* —3G **29**
Wealdon Ct. *Guild* —4B **22**
Weasdale Ct. *Wok* —7B **4**
Websters Clo. *Wok* —4D **10**
Well Clo. *Wok* —1E **10**
Wellington Ter. *Knap* —2A **10**
Wellington Way. *Wey* —1K **7**
Well La. *Wok* —1E **10**
Wellpath. *Wok* —1E **10**
Wells La. *Norm* —1C **20**
Wells Rd. *Guild* —1A **24**
Wendela Clo. *Wok* —2H **11**
Wendley Dri. *New H* —1D **6**
Wendron Clo. *Wok* —2C **10**
Wendy Cres. *Guild* —2C **22**
Wentworth Clo. *Rip* —5F **13**
Wesco Ct. *Wok* —2H **11**
Westbrook Rd. *G'ming* —2J **33**
Westerfolds Clo. *Wok* —1A **12**
Westermain. *New H* —1G **7**
Westfield Av. *Wok* —5G **11**

A-Z Guildford & Woking 47

Westfield Comn.—Zinnia Dri.

Westfield Comn. *Wok* —6G **11**
Westfield Gro. *Wok* —4G **11**
Westfield Pde. *New H* —1H **7**
Westfield Rd. *Sly I* —7G **17**
Westfield Rd. *Wok* —6F **11**
Westfield Sq. *Wok* —6G **11**
Westfield Way. *Wok* —6G **11**
W. Flexford La. *Wanb* —4C **20**
W. Heath. *Pirb* —7D **8**
W. Hill Clo. *Brkwd* —4H **9**
W. Hill Rd. *Wok* —3F **11**
Westmead. *Wok* —1D **10**
W. Meads. *Guild* —5B **22**
Westminster Ct. *Wok* —5J **11**
West Mt. *Guild* —6E **22**
(in two parts)
Weston Clo. *G'ming* —1A **34**
Weston Ct. *G'ming* —1A **34**
Weston Farm Cotts. *Alb* —2F **31**
Westonfields. *Alb* —2G **31**
Weston Gdns. *Wok* —7C **6**
Weston Rd. *Guild* —3C **22**
Weston Way. *Wok* —7C **6**
Weston Yd. *Alb* —2G **31**
West Rd. *Guild* —5G **23**
Westside Ct. *W End* —4E **2**
West St. *Wok* —1H **11**
Westward Ho. *Guild* —2H **23**
Westway. *Guild* —2B **22**
Westwood Av. *Wdhm* —3D **6**
Westwood Ct. *Guild* —3B **22**
Westwood La. *Guild* —2A **20**
Wexfenne Gdns. *Wok* —7F **7**
Weybank. *Wis* —7J **7**
Weybarton. *Byfl* —4K **7**
Weybrook Dri. *Guild* —6K **17**
Wey Clo. *W Byf* —4F **7**
Wey Ct. *G'ming* —1C **34**
Wey Ct. Clo. *G'ming* —1B **34**
Weydown Clo. *Guild* —6C **16**
Weydown La. *Guild* —6C **16**
Weylea Av. *Guild* —1J **23**
Weymede. *Byfl* —3K **7**
Wey Rd. *G'ming* —2C **34**
Weyside Clo. *Byfl* —3K **7**
Weyside Gdns. *Guild* —2E **22**
Weyside Rd. *Guild* —2D **22**
Wey View Ct. *Guild* —5E **22**
Wharf La. *Rip* —2H **13**
Wharf La. *Send* —7A **12**
Wharf Rd. *Guild* —4E **22**
Wharf St. *G'ming* —3A **34**
Wharf, The. *G'ming* —3A **34**
Whateley Rd. *Guild* —7D **16**
Wheatsheaf Clo. *Wok* —7G **5**
Wherwell Rd. *Guild* —6E **22**
Whipley Clo. *Guild* —6K **17**
Whitegates. *Wok* —4H **11**

White Hart Ct. *Rip* —5G **13**
White Hart La. *Wood S* —3G **21**
White Hart Meadows. *Rip*
—5G **13**
White Horse La. *Rip* —5G **13**
White Ho. Dri. *Guild* —4K **23**
White Ho. La. *Guild* —6F **17**
White La. *Guild* —6A **24**
White Lion Wlk. *Guild* —5F **23**
Whitemore Rd. *Guild* —7F **17**
White Rose La. *Wok* —2H **11**
Whitfield Clo. *Guild* —1C **22**
Whitmoor La. *Guild* —3F **17**
Whopshott Av. *Wok* —7E **4**
Whopshott Clo. *Wok* —7E **4**
Whopshott Dri. *Wok* —7E **4**
Wiggins Yd. *G'ming* —3A **34**
Wilbury Rd. *Wok* —1F **11**
Wilcot Clo. *Bisl* —7G **3**
Wilcot Gdns. *Bisl* —7G **3**
Wild Acres. *W Byf* —2G **7**
Wildbank Ct. *Wok* —2H **11**
Wilderness Ct. *Guild* —6B **22**
Wilderness Rd. *Guild* —6B **22**
Wilders Clo. *Wok* —2E **10**
Wildfield Clo. *Wood S* —3H **21**
Wildwood Clo. *Wok* —6D **6**
Wilfred St. *Wok* —2F **11**
William Rd. *Guild* —4E **22**
William Russell Ct. *Wok* —2A **10**
William's Wlk. *Guild* —7D **16**
Willow Bank. *Wok* —6H **11**
Willow Clo. *Wdhm* —2D **6**
Willow Dri. *Norm* —4C **20**
Willow Dri. *Rip* —1E **18**
Willow Grn. *W End* —4F **3**
Willow La. *Guild* —3J **23**
Willowmead Clo. *Wok* —7C **4**
Willow Rd. *G'ming* —6B **28**
Willow Rd. *W End* —4F **3**
Willows Mobile Home Pk., The.
Guild —1D **20**
Willows, The. *Byfl* —4J **7**
Willows, The. *Guild* —2B **24**
Willows, The. *Light* —1D **2**
Willow Wlk. *Shere* —2K **31**
Willow Way. *Guild* —7D **16**
Willow Way. *W Byf* —2G **7**
Willow Way. *Wok* —5G **11**
Wilson Way. *Wok* —7F **5**
Windermere Rd. *Light* —1B **2**
Windgates. *Guild* —1A **24**
Windlesham Rd. *W End* —2E **2**
Windrush Clo. *Brmly* —1H **35**
Windsor Clo. *Guild* —6B **22**
Windsor Ct. *Chob* —1A **4**
Windsor Ct. Rd. *Chob* —1A **4**
Windsor Rd. *Chob* —1A **4**

Windsor Way. *Wok* —7A **6**
Winds Ridge. *Send* —2A **18**
Windy Wood. *G'ming* —4J **33**
Winern Glebe. *Byfl* —4H **7**
Wingfield Clo. *New H* —1F **7**
Winnards. *St J* —2D **10**
Winnington Way. *Wok* —2D **10**
Winston Way. *Old Wok* —4K **11**
Winterhill Way. *Guild* —7K **17**
Wintersells Ind. Est. *Byfl* —1J **7**
Wintersells Rd. *Byfl* —1H **7**
Wishbone Way. *Wok* —7B **4**
Wisley La. *Wis* —7G **7**
Withies La. *Comp* —4J **27**
Withies, The. *Knap* —1A **10**
Withy Clo. *Light* —1C **2**
Wodeland Av. *Guild* —6D **22**
Woking Bus. Pk. *Wok* —6K **5**
Woking Rd. *Guild* —5E **16**
(in five parts)
Wolseley Rd. *G'ming* —1A **34**
Wolsey Pl. Shop. Cen. *Wok*
—1G **11**
Wolsey Wlk. *Wok* —1G **11**
Wonersh Comn. Rd. *Won*
—5K **29**
Woodbridge Bus. Pk. *Guild*
—3E **22**
Woodbridge Hill. *Guild* —3D **22**
Woodbridge Hill Gdns. *Guild*
—3C **22**
Woodbridge Meadows. *Guild*
—3E **22**
Woodbridge Rd. *Guild* —3E **22**
Woodcote. *G'ming* —1K **33**
(off Frith Hill Rd.)
Woodcote. *Guild* —1D **28**
Wood End Clo. *Pyr* —7D **6**
Woodend Clo. *Wok* —3C **10**
Woodger Clo. *Guild* —2A **24**
Woodham La. *Wok & New Haw*
—4K **5**
Woodham Pk. Rd. *Wdhm* —1D **6**
Woodham Pk. Way. *Wdhm*
—2D **6**
Woodham Rise. *Wok* —6J **5**
Woodham Rd. *Wok* —6G **5**
Woodham Waye. *Wok* —5K **5**
Woodhill. *Send* —3B **18**
Woodlands. *Wok* —2G **11**
Woodlands Av. *W Byf* —4D **6**
Woodlands Clo. *Ott* —1K **5**
Woodlands Ct. *St J* —2C **10**
Woodlands Ct. *Wok* —3G **11**
Woodlands Est. *Knap* —2K **9**
Woodlands Ho. *Sheer* —5A **6**
Woodlands Pk. *Guild* —3K **23**
Woodlands Rd. *Guild* —7F **17**

Woodlands Rd. *W Byf* —5D **6**
Woodland View. *G'ming* —5A **28**
Wood La. *Knap* —2K **9**
Woodlawn Gro. *Wok* —6H **5**
Woodley Ho. *G'ming* —6A **28**
Woodmancote Gdns. *W Byf*
—4E **6**
Woodmancourt. *G'ming* —6J **27**
Woodpecker Way. *Wok* —1F **17**
Wood Riding. *Wok* —6C **6**
Wood Rise. *Guild* —2A **22**
Wood Rd. *G'ming* —7B **28**
Woodrough Copse. *Brmly*
—2J **35**
Woodruff Av. *Guild* —1J **23**
Woodside Clo. *Knap* —1K **9**
Woodside Pk. Est. *G'ming*
—3B **34**
Woodside Rd. *Guild* —3B **22**
Woodstock. *W Cla* —5F **19**
Woodstock Rd. *Wok* —7G **5**
Woodstock Gro. *G'ming* —7A **28**
Wood St. Grn. *Wood S* —2G **21**
Woodway. *Guild* —3K **23**
Woodyers Clo. *Won* —7K **29**
Woolsack Ct. *Guild* —4D **22**
Woolsack Way. *G'ming* —3B **34**
Worcester Rd. *Guild* —2B **22**
Worplesdon Hill. *Wok* —6J **9**
Worplesdon Rd. *Guild* —6B **16**
Wyatt's Almshouses. *G'ming*
(off Meadow) —1C **34**
Wyatt's Clo. *G'ming* —1C **34**
Wych Elm Rise. *Guild* —7G **23**
Wychelm Rd. *Light* —2C **2**
Wych Hill. *Wok* —3E **10**
Wych Hill La. *Wok* —3F **11**
Wych Hill Pk. *Wok* —3F **11**
Wych Hill Rise. *Wok* —3E **10**
Wych Hill Way. *Wok* —4F **11**
Wyke Cross. *Guild* —2A **20**
Wykeham Rd. *Guild* —3B **24**
Wyndham Rd. *Wok* —2D **10**
Wyvern Pk.Ind. Est. *Peas* —5D **28**

Yarrowfield. *Wok* —7F **11**
Yellowcress Dri. *Bisl* —7G **3**
Yew Tree Dri. *Guild* —7E **16**
York Clo. *Byfl* —3J **7**
York Rd. *Byfl* —3H **7**
York Rd. *Guild* —5F **23**
York Rd. *Wok* —3F **11**
Youngstroat La. *Wok* —1G **5**

Zinnia Dri. *Bisl* —7G **3**

Every possible care has been taken to ensure that the information given in this publication is accurate and whilst the publishers would be grateful to learn of any errors, they regret they cannot accept any responsibility for loss thereby caused.

The representation on the maps of a road, track or footpath is no evidence of the existence of a right of way.

The Grid on this map is the National Grid taken from the Ordnance Survey map with the permission of the Controller of Her Majesty's Stationery Office.

Copyright of Geographers' A-Z Map Co. Ltd.

No reproduction by any method whatsoever of any part of this publication is permitted without the prior consent of the copyright owners.